ICH MACH DAS JETZT!

FRAUEN
HANDELN HELFEN HEILEN

ANNETTE KERCKHOFF &
BARBARA STREIDL

ELISABETH
SANDMANN
VERLAG

HEILEN 102

VORWORT

Stillstand: 2020 kommt überall auf der Welt das alltägliche Leben zum Erliegen. Kindergärten und Schulen werden geschlossen, nur noch wenige Geschäfte sind geöffnet. Viele müssen sich ins Homeoffice zurückziehen. Rückzug statt Begegnung, Isolation statt Gemeinschaft, Abstand statt Nähe – sich daran zu gewöhnen, fällt niemandem leicht. Es ist eine schwierige Zeit, und sie hat uns alle verändert. Und sie zeigt deutlich: Wir brauchen einander. Wir brauchen Gemeinschaft und Gespräch, Ansprache und Austausch. Wir brauchen gegenseitige Unterstützung und Hilfe von anderen. Und wir brauchen Menschen, die neuen Situationen und Herausforderungen beherzt begegnen. Mit Tatkraft, Einfühlungsvermögen – und einer gehörigen Portion Einfallsreichtum.

Für dieses Buch haben wir 25 engagierte Frauen ausgewählt, stellvertretend für viele andere. Es sind Frauen aus den unterschiedlichsten Bereichen – Medizin, Pflege, Politik, Wissenschaft, Kunst, Musik, Soziales – und aus ganz unterschiedlichen Epochen: von Mechthild von Magdeburg, die im 13. Jahrhundert lebte, bis hin zu Carola Rackete, die 1988 geboren wurde. Trotz Shutdown und Infektionsgefahr bietet **Levke Sonntag** vom ArztMobil Hamburg Obdachlosen weiterhin basismedizinische Grundversorgung an. Daneben packt sie mit ihrem Team Lunchtüten für die Menschen auf der Straße und für Bedürftige. Ihr Leitspruch:

»Wer die Not sieht, muss handeln«

Justine Siegemund – oft auch Justina genannt – wehrt sich im 17. Jahrhundert gegen Unwissen im Kreißsaal und die Übermacht der Ärzte und verfasst das erste Lehrbuch für Hebammen, **Stephanie Rückbeil** vermittelt heute fachkundiges Know-how, Ruhe und Gelassenheit im Umgang mit den Naturgewalten der Geburt, ebenso wie Selbstbewusstsein beim Austausch mit den Ärztinnen und Ärzten. **Florence Nightingale** hat im 19. Jahrhundert die professionelle Krankenpflege auf den Weg gebracht, **Helle Dokken** setzt sich heute für bessere Arbeitsbedingungen für Angehörige pflegender Berufe ein. **Lydia Rabinowitsch-Kempner** ist in der Tuberkulose-Forschung die rechte Hand von Robert Koch. **June Almeida** ist eine Meisterin am Mikroskop und entdeckt als Erste das Corona-Virus. **Veronica Carstens** vermisst die Naturheilkunde und Komplementärmedizin an den Universitäten – und gründet eine Stiftung, um genau das zu ändern und hier Gräben zu überwinden:

»Eine große Kluft zwischen Schulmedizin und Naturheilkunde war immer deutlicher zu erkennen, wo doch ein Zusammengehen das Vernünftigste gewesen wäre.«

Das Tabu des Sterbens bricht **Elisabeth Kübler-Ross**, indem sie Schwerstkranke in Universitätshörsäle holt, ohne ihnen die Würde zu nehmen.

»Ich habe stets behauptet, dass die Sterbenden meine besten Lehrer waren, aber es brauchte Mut, ihnen zuzuhören«

Auch **Eva Pröscholdt-Graupner** enttabuisiert den Tod: Sie baut in Freising bei München eine Palliativstation am Krankenhaus sowie ein ambulantes Palliativcare-Netzwerk mit auf, um Menschen die Möglichkeit zu geben, ohne Schmerzen und Angst sterben zu können. Was hat diese Frauen bewegt, was hat sie motiviert? Viele von ihnen berichten von einer Situation, die sie erschüttert, bewegt und nachhaltig beeinflusst hat. **Elsa Brändström** beschreibt diesen Schlüsselmoment in ihren Erinnerungen:

»Ich habe es damals nicht herausgefunden, aber ich spürte in mir ein unbekanntes Gefühl keimen, größer und stärker werden, all mein Tun beherrschend. Dann vermochte ich es zu artikulieren, und ich schrie es tausendmal in meinen wirren Träumen: ICH WILL HELFEN«

Die Frauen in diesem Buch folgen alle einem ersten Impuls, fangen an, oft mit kleinen Schritten. Sie wollen bestimmte Umstände nicht hinnehmen. Sie lassen nicht locker. Sie bleiben dran, sie lassen sich nicht entmutigen. Sie nutzen ihre Möglichkeiten für andere. **Anna von Dänemark**, die Kurfürstin von Sachsen, können wir uns wohl als einen Gegenpol zur französischen Königin Marie-Antoinette denken und deren berüchtigte Empfehlung an ihre hungernden Untertanen, doch Brioches zu essen, wenn sie kein Brot hätten. Ganz anders Anna von Dänemark: Sie verteilt an die Bevölkerung ihres Landes alljährlich Pflege- und Arzneimittel aus ihrem eigenen Laboratorium. Dabei ging und geht es nicht nur darum, Belastungen für Betroffene zu reduzieren, sondern vielfach auch um die Stärkung von Ressourcen: Essen, Trinken, Sauberkeit, Wärme, Miteinander, Schlaf, Ruhe, Rückzug, Gespräch, Gemeinsamkeit, Humor, Da-Sein. **Angela Autsch**, deren Nächstenliebe auch nicht angesichts der Grausamkeiten im Konzentrationslager erschüttert wird, lässt in Auschwitz für neue Häftlinge warmes Wasser einlaufen und legt ein Stück Seife bereit. **Helen van Almsick** macht in Corona-Zeiten gemeinsame Körperübungen und summt statt zu singen. **Teresa von Avila** lehnt übermäßige

Selbstkasteiung ab, um den eigenen Glauben unter Beweis zu stellen, und plädiert für die ganz praktische Nächstenliebe und Fürsorge im Alltag. Die Beginen, unter ihnen Mechthild von Magdeburg, tun genau dies: Sie helfen anderen und unterstützen sich gegenseitig, auf Augenhöhe. **Eva Aschenbrenner,** die bekannte Kräuterfrau vom Kochelsee, berät unentgeltlich Kranke und fördert die Hilfe zur Selbsthilfe. **Ida Hoffmann** gründet auf dem Monte Verità mit Anderen gemeinsam eine Kolonie für Menschen, die an Vegetarismus, Naturnähe und Geschlechtergerechtigkeit interessiert sind. **Sybil Phoenix** richtet ein Heim ein für heimatlose Kinder und Jugendliche, einen Zufluchtsort für Schwarze und Weiße. **Monika Hauser** reist nach Bosnien, um während des Krieges ein Therapiezentrum für Frauen aufzubauen, das sie bis heute zu einem globalen Netzwerk an Schutzräumen und Orten der Heilung ausgeweitet hat. Ihr Leitspruch:

»Ich bin doch nicht hierhergekommen, um wieder zu gehen, wenn es schwierig wird«

Hope Bridges Adams Lehmann plant ein Frauenhaus und schreibt einen Gesundheitsratgeber für Frauen. **Inge Haselsteiner** reist regelmäßig nach Bangladesh, um dort ehrenamtlich Frauen zu behandeln, die unter Verbrennungsnarben und anderen Verletzungen leiden. Dass Menschen in Not zu helfen eng mit politischem Engagement verbunden ist und Konflikte mit geltendem Recht mit sich bringen kann, zeigt das Porträt von **Carola Rackete.** Sie steuert trotz Verbot mit dem Seenotrettungsschiff Sea-Watch 3 einen italienischen Hafen an, um Geflüchtete nach vielen Wochen auf See

endlich an Land zu bringen. Wie sehr Frauen für ihre Bereitschaft zu handeln, zu helfen und zu heilen in Gefahr geraten können, wo es enorme Zweifel, Verunsicherungen und Widerstände gibt, zeigt die Geschichte von **Blanca Bardiera** und anderen als »Hexen« bezeichnete und in Verruf geratene Frauen. Starken Gegenwind erfährt auch die Ärztin **Kristina Hänel,** die diejenigen unterstützt, die sich auf die Frage »Soll ich das Kind bekommen?« schweren Herzens für »Nein« entscheiden. Von allen Frauen in diesem Buch können wir lernen, uns inspirieren und ermutigen lassen – denn jede kann mit ihren ganz eigenen Fähigkeiten und Möglichkeiten etwas tun. Das zeigen die hier Vorgestellten und die vielen Unsichtbaren, die zu allen Zeiten ihre Aufgabe darin sehen, anderen zur Seite zu stehen. Wir möchten uns mit diesem Buch bei all unseren Vorbildern, von denen wir hier erzählen, ebenso bedanken wie bei allen anderen Frauen, die in der Krise und darüber hinaus Tag für Tag aufs Neue handeln, helfen und heilen. Für eine bessere und vor allem gerechtere Welt. Für das Wohl der Gemeinschaft.

»Ich mach das jetzt«

Es ist gut vorstellbar, dass so manche eines Abends am Küchentisch saß, dem Mann oder einer guten Freundin bei einem Tee oder einem Glas Wein aufgebracht von dem erzählte, was sie tagsüber erlebt, gehört oder gesehen hatte, dass gemeinsam alle möglichen Aktionen erwogen und diskutiert wurden. Und dass sich dann irgendwann »unsere« Frau aufrichtete, das Tischtuch glattstrich, ihrem Gegenüber direkt in die Augen schaute, noch einen Schluck trank und schließlich sehr bestimmt sagte: »Ich mach das jetzt!«

Von allen Frauen
in diesem Buch
können wir lernen,
uns inspirieren und
ermutigen lassen –
denn jede kann mit
ihren ganz eigenen
Fähigkeiten und
Möglichkeiten
etwas tun.

HAN

DELN

»Ein Chor ist eine Gemeinschaft,
eine Beziehung, die wir über das Singen
miteinander eingehen.«

Helen van Almsick

HELEN VAN ALMSICK

Eine Stimmbildnerin mit Improvisationstalent

»Im schlimmsten Fall geht jeder auf sein Zimmer, und wir singen eben per Videokonferenz miteinander.« Helen van Almsick ist entschlossen, den Chor-Workshop trotz Corona-Pandemie durchzuführen. Seit Monaten haben sie und die anderen sich darauf gefreut und so will sie nicht einfach darauf verzichten. Sie sucht nach Alternativen, denn »im Chor singen heißt nicht nur, zusammen zu singen. Ein Chor ist eine Gemeinschaft, eine Beziehung, die wir über das Singen miteinander eingehen. Und danach haben sich alle gesehnt.« Musik wird schon früh Helen van Almsicks Leidenschaft. Mit fünf Jahren findet sie unter den Pop-Platten ihrer Eltern Mozarts Violinkonzerte mit dem berühmten Geiger Wolfgang Schneiderhan und ist wie elektrisiert: »Das will ich auch – ich möchte Musik machen!«

Helen van Almsick ist ein »Bundeswehrkind«, alle drei Jahre zieht sie mit ihrer Familie um. Die Eltern helfen ihr, immer wieder anzudocken an einen neuen Wohnort, in einer neuen Gemeinschaft – indem sie ihre Tochter im Chor singen lassen. Nach dem Kinderchor tritt sie mit vierzehn Jahren der Regensburger Kantorei bei; der damalige Leiter erkennt ihre Begabung und ermuntert sie, Soloeinsätze zu übernehmen. Nach dem Schulabschluss studiert sie in Pennsylvania (USA) und in Darmstadt Gesang und Violine. »Chormusik und Kirchenmusik haben mich immer fasziniert«, sagt van Almsick, die auch mit einem Kirchenmusiker verheiratet ist, »Menschen zum Klingen zu bringen, eine Klangglocke entstehen zu lassen: Das macht die Singenden und mich glücklich!« Im Frühjahr 2020 ist sie gerade in das baden-württembergische Bad Dürrheim umgezogen. Sie hat ein neues Netzwerk als Stimmbildnerin, Supervisorin und Stimmcoach aufgebaut; für den Sommer ist der alljährlich stattfindende Chor-Workshop in der Vorarlberger Region Montafon geplant. Seit Jahren leitet sie ihn zusammen mit Kollegen, zunächst in der Toskana, nun zum vierten Mal in Österreich. Diesmal möchte sie auch Zeit für sich finden, vom Liegestuhl aus in die Berge schauen und durchatmen nach vielen anstrengenden Monaten. Dann bricht die Corona-Krise aus, und die ganze Welt wird zum Stillstand gezwungen. Singen, besonders in einem Chor, ist jetzt nicht mehr erlaubt, da es als gefährlich eingestuft wird. Immer mehr Nachrichten gibt es über sogenannte Superspreader in den USA, Großbritannien oder Deutschland, die mehr als 50 Mitsängerinnen und -sänger bei einer einzigen Kirchenchorprobe angesteckt haben. Wie können wir noch miteinander singen? Das fragen sich nun rund drei Millionen Chorsängerinnen und -sänger in Deutschland, Laien wie Profis. Neben all den Schreckensmeldungen gibt es dann doch einen Funken Hoffnung aufgrund einer wissenschaftlichen Untersuchung von Professor Matthias Echternach aus dem Klinikum der Ludwigs-Maximilians-Universität München. Gemeinsam mit Mitgliedern aus dem Chor und dem Symphonieorchester des Bayerischen Rundfunks untersucht er die Gasentwicklung beim Singen und beim Spielen von Blasinstrumenten. Er gibt keine Entwarnung, kommt aber zu dem Ergebnis, dass zwei bis zweieinhalb Meter Abstand nach vorne und eineinhalb Meter zur Seite ausreichend sein sollten, um eine Ansteckung zu verhindern – wenn genügend gelüftet werden kann. Es ist also möglich, trotz Corona miteinander zu singen, wenn Hygieneregelungen greifen und Vorsichtsmaßnahmen umgesetzt sind. Davon ist Helen van Almsick überzeugt, auch wenn sie noch keine Lösung für die Praxis gefunden hat. Aber sie ist zuversichtlich: »Ich gewinne Sicherheit über meine Kreativität, über Ideen, dann kann ich auch Menschen überzeugen.« Sie ist entschlossen, den Chor-Workshop in der ersten Augustwoche 2020 durchzuführen und kommuniziert das auch an alle, die sich zum Teil schon Monate zuvor angemeldet haben.

»Ich wollte ein Format entwickeln, bei dem die Gemeinschaft stark ist«

Zu dem Workshop, der unter dem Motto »Chorsingen im Urlaub« steht, melden sich in der Regel dreißig Menschen. Es gibt Gemeinschaftsproben, Einzelunterricht und ein Abschlusskonzert in der Gemeindekirche vor Publikum. Der Workshop richtet sich an unerfahrene ebenso wie an routinierte Chorsingende. »Sie wirken manchmal wie kleine Soldaten«, sagt van Almsick schmunzelnd, »wie sie von morgens bis abends diszipliniert und engagiert zu den Proben gehen und den ganzen Tag singen, singen, singen.«

Gemeinsames Singen ist für viele fast lebensnotwendig, das Gefühl, die anderen zu hören und in der Gemeinschaft zu spüren. »Ich war daran gewohnt, jeden Abend viele Stimmen zu hören, in verschiedenen Chören. Das war von heute auf morgen nicht mehr so.« Van Almsick erzählt von Kollegen, die nach vielen Monaten des Corona-bedingten Nichtsingens Psychotherapien begonnen haben. Ohne das gemeinsame Singen, ohne die regelmäßigen Treffen mit anderen sind sie nicht mehr zurechtgekommen. Bei der Suche nach Möglichkeiten, den Workshop trotz Corona stattfinden zu lassen, geht es Helen van Almsick nicht nur um ihre eigene Leidenschaft für das Singen, sondern auch um die ihrer Kolleginnen und Kollegen und all derer, die in ihrem Chor singen wollen.

Obwohl die Nachrichten aus Österreich im Frühsommer hinsichtlich der Zahl von Infizierten und der einzuhaltenden Hygieneregeln ernüchternd sind und obwohl noch nicht einmal klar ist, ob das Hotel überhaupt öffnen kann, denkt Helen van Almsick über neue Formen des Zusammen-Singens nach: »Auch wenn wir diesen Chor-Workshop ganz anders durchführen, auch wenn wir diesmal nicht in der Gemeinschaft singen, wollte ich doch ein Format entwickeln, bei dem die Gemeinschaft stark ist.« Im ungünstigsten Fall würden eben alle auf dem eigenen Zimmer sitzen und über Videokonferenzen verbunden miteinander singen – etwas, das ja viele berühmte Sängerinnen und Sänger in der Krise machen. Ob die Take That-Stars Gary Barlow und Robbie Williams oder die Berlinerinnen um Barbara Morgenstern und Bernadette La Hengst – sie alle haben Wege gefunden, gemeinsam zu singen und ihre Kunst ihrem Publikum zugänglich zu machen. Helen van Almsick diskutiert mit dem Hausherrn des Montafoner Hotels Markus Felbermayer über mögliche Räume, innen wie außen rund um das Hotel. Sie denkt sich einen Trimm-dich-Pfad mit verschiedenen Stationen aus: einen Spaziergang in den Wald mit Stopps etwa an einer Bank, an der die Stimmgabel zur Stimmprobe geschlagen wird, einer Wegkreuzung mit Anleitung zur Atemübung, einem kurzen musikhistorischen Vortrag in einer Schutzhütte und Dehnungsübungen im Freien. So kann beim Spaziergehen mit der Stimme gearbeitet werden. Dank der Krise kann sogar einiges von dem angegangen werden, für das im normalen Choralltag keine Zeit ist. Van Almsick

informiert die Angemeldeten über ihr Vorhaben, ein Drittel der Gruppe verabschiedet sich, der Rest will unbedingt dabei sein. »Sie hatten Lust auf Gemeinschaft. Und Lust zu singen.« Als der Workshop Anfang August in Montafon beginnt, legt Helen einen ausgeklügelten Plan vor. Zur Verfügung stehen vier große Räume, in denen ausreichend Abstand zueinander eingehalten werden kann, in der Grundschule, in der Kirche, dazu im Gemeindesaal und in einem Saal des Hotels. In vier Gruppen gehen die Teilnehmenden von Station zu Station, die von Stimmbildnerin Helen, einem Kollegen, zwei Kirchenmusikern – einer davon Helens Mann – sowie einem zusätzlichen Dozenten für Körperarbeit geleitet werden. Nach dreißig Minuten wird gewechselt. In der Zeit, in der die Gruppen sich zur nächsten Station begeben, können van Almsick und ihre Kollegen lüften und desinfizieren. Abends treffen sich alle gemeinsam mit Abstand in der Kirche. Der Plan geht auf, an manchen Tagen verbringen sie nicht einmal eine Stunde zusammen, aber durch das Rotieren der Gruppen, die gleichen Übungen und Stücke erleben sie sich doch alle als Gemeinschaft. Es wird zwar nicht so viel gemeinsam gesungen, dafür aber gemeinsam geatmet. Sogar ein gemeinsames Abschlusskonzert ist möglich – auch wenn es aufgrund der großen Abstände für die Singenden recht ungewohnt ist und für manche eine echte Herausforderung.

»Wir leben und atmen durch die Gemeinschaft. Das ist Lebensqualität«

Am letzten Tag haben alle Teilnehmenden eine Postkarte mit persönlichen Worten als Rückmeldung vorbereitet, »herzzerreißend

Helen van Almsick

süße Botschaften, wir waren alle sehr gerührt«, erinnert sich van Almsick, »wir leben und atmen durch die Gemeinschaft. Das ist Lebensqualität.« Die besondere Situation, der alle verbindende Wunsch, zusammenzukommen und gemeinsam zu singen, vor allem aber das Engagement von Helen van Almsick, ihr ganz besonderes Corona-Chor-Konzept – das hat alle berührt. Das Sich-nicht-unterkriegen-lassen, stattdessen nach neuen Wegen zu suchen und sie gemeinsam zu gehen. »Es war einer der schönsten Kurse, den ich je gemacht habe«, sagt sie.

Den Mut nicht verlieren, das Unmögliche möglich machen

Und eine Erfahrung, aus der sie Kraft und Zuversicht schöpft – ist die Corona-Krise ja mit dem Ende dieses Workshops nicht überstanden. Vor allem die eigene Überzeugung, dieses »es wird gehen«, möchte sie daraus mitnehmen. Den Mut nicht verlieren, das Unmögliche möglich machen. »Ich hatte immer die Gewissheit, ich werde dort sein«, sagt sie, selbst wenn nicht von Anfang an klar war, wie es sein wird und nicht alle die Ungewissheit annehmen konnten. Dass dann alles so gut funktionierte, war auch für Helen van Almsick ein Stück vom großen Glück.

Sie wünscht sich und anderen für die Zukunft weiterhin Mut zum Ungewissen und die Bereitschaft, sich auf einen kreativen Prozess einzulassen – mit der Gewissheit, dass in der Ungewissheit etwas entstehen kann.

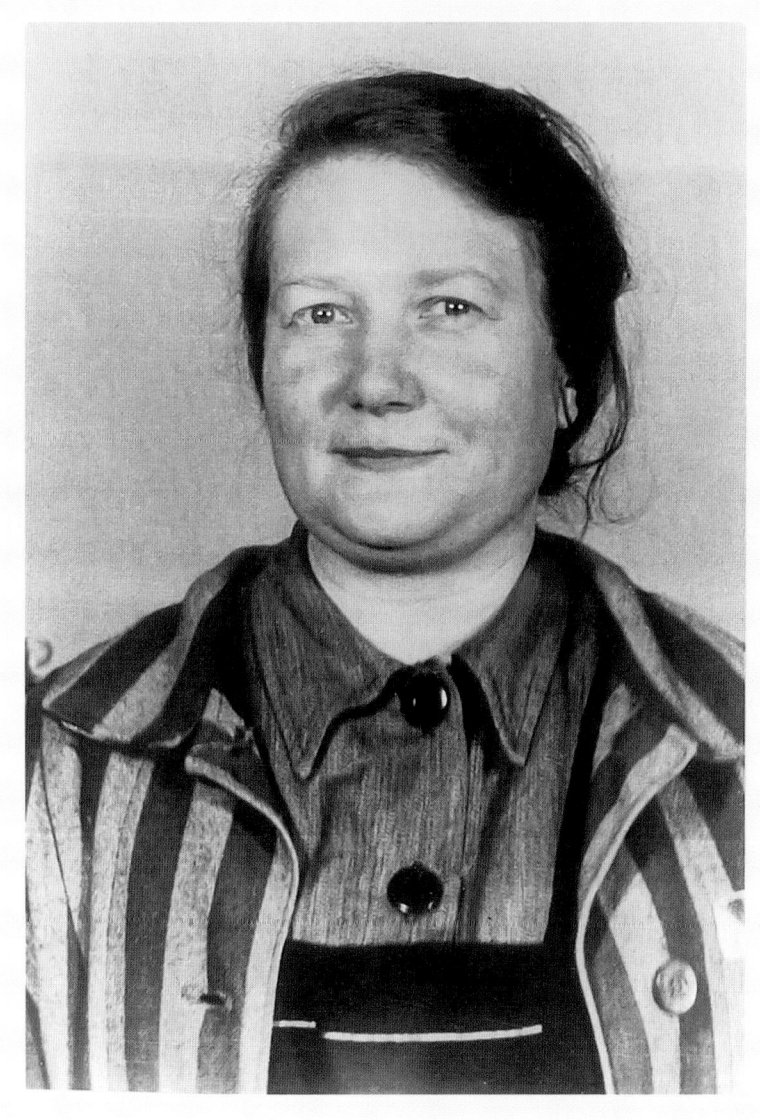

»Die Cillerl ist durch ihre Erlebnisse
nicht mehr so naiv, aber sie bereut
auch keine Minute und es ist
ihr nicht leid darum.«

Angela Autsch

ANGELA AUTSCH

Nonne des Trinitarier-Ordens und Engel von Auschwitz

»Fort mit aller Sentimentalität. Außer den ersten drei Wochen im Anfange meiner Lehrzeit in Ravensbrück war ich Pflegerin im Krankenbau, in Auschwitz dann auch im Krankenbau Wirtschafterin etc., anschließend führte ich die im Krankenbau befindliche Diät- u. Brotküche von ca. bis zu 3.000 Personen. Seit 15. Mai bin ich im SS-Lazarett. Habe alles genug – fehlt mir an nichts, bin in der Küche. Hier habe ich mich gut erholt, bin dick wie nie!!!«

Weihnachten 1943 schreibt Angela Autsch dies aus dem Konzentrationslager Auschwitz-Birkenau an ihre Ordensmutter. Keine Rede ist darin von dem Martyrium, dem sie und ihre Mithäftlinge ausgesetzt sind und davon, wie sie selbst täglich aufs Neue versucht, das Leid der anderen zu lindern.

Ohne Zweifel ist sie ein Mensch, der sich trotz allem nicht unterkriegen lässt. Auch im April 1944, als der Krieg anhält und ihre Hoffnung auf einen baldigen Frieden enttäuscht wird, gibt sie nicht auf. Angela Autsch schreibt hier von sich selbst als Cillerl: »Die Cillerl ist durch ihre Erlebnisse nicht mehr so naiv, aber sie bereut auch keine Minute und es ist ihr nicht leid darum.« Am Silvesterabend 1944 wird Angela Autsch im KZ Birkenau während eines Angriffs von einem Metallsplitter getroffen, sie ist sofort tot. In einem Brief der Krankenschwester des Roten Kreuzes, Cäcilia Menzler, an die Oberin von Mötz heißt es: »Jedem kam sie mit Liebe und gutem Beispiel zuvor. Sie verstand alle zu trösten. ... Liebe Frau Oberin, wir haben eine kleine Heilige, die für uns am Throne Gottes Fürsprecherin ist. Jeder hat Angelchen gern gehabt, ihre Liebe und Aufrichtigkeit.«

Die Auschwitzüberlebende Margita Schwalbová veröffentlicht später ein Buch über elf Frauen aus Auschwitz-Birkenau. Von der ihr sehr verbundenen Angela Autsch erzählt sie: »Ohne sie hätte ich das KZ nicht überlebt. Sie hatte die Aufsicht über die Verpflegung der kranken Häftlinge und ihre Bekleidung. Diese Stellung ermöglichte ihr, vielen zu helfen und sie tat es, wo sie nur konnte.«

»... eine Insel der Zärtlichkeit und Freundschaft«

Angela Autsch, deren Seligsprechung 1990 von der katholischen Kirche eingeleitet und die 2018 von Papst Franziskus zuerkannt wurde, ist der Allgemeinheit weitgehend unbekannt. Nur wenige haben von der Nonne gehört, die wegen »Führerbeleidigung und Wehrkraftzersetzung« während der Zeit des Nationalsozialismus ins Konzentrationslager deportiert wird und dort unter Lebensgefahr unzähligen Häftlingen Trost und Hilfe ist. Immer wieder ist von ihrer Hilfsbereitschaft die Rede, ihrem besonderen Lächeln, wie es auch auf dem offiziellen Häftlingsfoto zu sehen ist. Aufgenommen wird es am Tag ihrer Ankunft im Konzentrationslager Auschwitz, heute hangt dieses Foto im Staatlichen Museum Auschwitz-Birkenau.

Die jüdische Ärztin Margita Schwalbová, die mit einem slowakischen Judentransport nach Auschwitz gebracht wird, erinnert sich daran, wie Angela Autsch sie bei ihrem Eintreffen mit warmem Wasser, Seife, Zahnbürste und Kleidung versorgt, mit etwas Zucker, Keksen, einer Taschenlampe, wie sie ihr ungefragt die Knöpfe der kaputten Häftlingskleidung annäht, sie während einer Fleckfieberepidemie versorgt und pflegt, sie täglich wäscht, ihr Suppe bringt, Kompressen auflegt. Wie sie ihre Läuse erschlägt, ihre Hand hält und ermuti-

gende Worte spricht. »Diese Abende waren wunderschön. Inmitten des fürchterlichen Elends erstand hier eine Insel der Zärtlichkeit und Freundschaft.«

Andere Zeitzeugen berichten davon, wie Angela unaufgefordert Aufgaben übernimmt: »Sah sie, dass es einer Frau, weil sie zu krank und schwach war, nicht möglich war, die Toiletten zu reinigen, so nahm sie ihr den Eimer aus der Hand, lächelte ihr zu, und ehe man sich versah, war diese Arbeit getan.« Sie packt nicht nur mit an, sie hört zu, sie tröstet. Angela sei wie ein Sonnenstrahl gewesen, erzählt eine Überlebende, die während der Haft schwanger ist und der Fürsorge ihr Leben verdanke. »Sie hat mir immer wieder Mut gemacht und besonders im Anfang, als das Kind unterwegs war. Wenn sie in der Nähe war, fühlte man sich wie neugeboren. Angela war eine Heilige in der Hölle des KZ.« »Was sie im Konzentrationslager Auschwitz für ihre Mithäftlinge tat, tat sie mit großer Selbstverständlichkeit und Natürlichkeit, nur aus einem großen menschlichen Gefühl, leidenden Menschen helfen zu müssen. Tausendmal brachte sie sich selbst in Gefahr, unzählige Male gefährdete sie ihr eigenes Leben, aber sie zögerte nie, keinen Augenblick«, so Margita Schwalbová.

Angela Autsch ist in Auschwitz für die Verteilung der Essensrationen und die Wäschekammer zuständig. In dieser Funktion nutzt sie jede Möglichkeit, anderen zu helfen, verschweigt die Todesfälle vom Vortag, um dann deren Essensrationen an Rekonvaleszente zu verteilen, schließt Frauen in der Wäschekammer ein, damit sie sich dort in Ruhe waschen und die Wäsche wechseln können, versteckt eine kranke junge Frau dort und pflegt sie. Mit kindlich natürlichem Blick hintergeht sie die SS und verteilt das

Schwester Angela und ihre Mitschwestern im Klostergarten von Mötz

Nötigste an die Häftlinge. Einmal tritt sie in offenen Widerstand zu einer Aufseherin, als diese ein junges Mädchen auspeitschen will, fragt sie selbstbestimmt nach dem »Warum«. Die Aufseherin hält inne. Angela Autsch wird – erstaunlicherweise – nicht bestraft.

Schwester Angela, die auf den bürgerlichen Namen Maria Cäcilia Autsch hörte und aus dem Sauerland stammt, ist das fünfte von sieben Kindern. Angela wird zunächst Verkäuferin und arbeitet fünfzehn Jahre lang in einem Textilkaufhaus. Als sie einundzwanzig ist, stirbt die Mutter an Wassersucht. Mit dreißig Jahren verlässt Maria Cäcilia ihren Wohnort und kommt in Kontakt mit dem spanischen Trinitarier-Orden. 1933 bittet sie in dessen deutschsprachiger Niederlassung im österreichischen Mötz um Aufnahme. 1938 legt sie das ewige Gelübde ab, ihr Name lautet von nun an Schwester Angela Maria vom heiligsten Herzen Jesu.

Als die Nationalsozialisten das Kloster beschlagnahmen wollen, kann sie das durch ihren Einsatz verhindern. Sie weist sie darauf hin, dass genau dieses Kloster spanisches Eigentum sei und damit gar nicht zu Österreich gehöre. Ja, sie kontaktiert sogar den spanischen Konsul. Die Nazis verzichten auf die Übernahme, Angela Autsch jedoch ist durch ihren rhetorischen Vorstoß der Gestapo aufgefallen. Als sie dann in der Warteschlange vor einem Lebensmittelgeschäft davon erzählt, dass ein deutsches Schiff in Norwegen versenkt worden sei, berichtet eine der Anwesenden davon ihrem Sohn, einem bekennenden Nazi. Der schlussfolgert, dass Angela Autsch verbotenerweise einen ausländischen Sender gehört hat. Er zeigt Schwester Angela bei der Gestapo an, und als seine Mutter bestätigt, dass Angela Autsch Hitler angeblich als »Geißel für ganz Europa« bezeichnet habe, erfolgt ihre Verhaftung. Als politischer Häftling wird sie 1940 in das Frauenkonzentrationslager Ravensbrück deportiert. 1942 kommt sie nach Auschwitz, später dann ins Nebenlager Birkenau, wo sie in der Krankenabteilung arbeitet und 1944 bei einem Bombenangriff stirbt.

Ein Beispiel an Zivilcourage, Mut und Mitmenschlichkeit – im Kleinen, und damit gleichzeitig im ganz Großen

Es sind die einfachen, kleinen Gesten der Fürsorge, mit denen Angela Autsch den Mithäftlingen das Leben ein wenig leichter macht. Der große Topf Weihnachtssuppe, den sie Weihnachten 1942 für alle kocht, die kleinen Geschenke, die sie für jeden anfertigt und mit der Suppe verteilt. Um danach gemeinsam Weihnachtslieder anzustimmen. Heute ist sie für uns ein Beispiel an Zivilcourage, Mut und Mitmenschlichkeit – im Kleinen, und damit gleichzeitig im ganz Großen.

»Ich habe es damals nicht herausgefunden, aber ich spürte in mir ein unbekanntes Gefühl keimen, größer und stärker werden, all mein Tun beherrschend. Dann vermochte ich es zu artikulieren, und ich schrie es tausendmal in meinen wirren Träumen: ICH WILL HELFEN!«

Elsa Brändström

ELSA BRÄNDSTRÖM

Der Engel von Sibirien

»Ich ging nach Hause und heulte einen ganzen Tag lang. Auch mit offenen Augen sah ich diese Gesichter vor mir, und ich versuchte mir vorzustellen, wie ich an ihrer Stelle reagieren würde.« Es ist der Moment, der das Leben von Elsa Brändström entscheidend verändert. Später notiert sie: »Ich habe es damals nicht herausgefunden, aber ich spürte in mir ein unbekanntes Gefühl keimen, größer und stärker werden, all mein Tun beherrschend. Dann vermochte ich es zu artikulieren, und ich schrie es tausendmal in meinen wirren Träumen: Ich will helfen!«

Es ist das Jahr 1914. Elsa Brändström und ihre Freundin Ethel von Heidenstam arbeiten als Schwesternhelferinnen im großen Nikolaihospital in Petrograd, heute St. Petersburg. Der Chefarzt führt die beiden durchs Haus und fragt sie gutgelaunt, ob sie noch einen Blick in die »Menagerie« werfen wollen. Eine abfällige Bezeichnung für den Saal mit verwundeten deutschen Kriegsgefangenen. Als die beiden jungen Frauen eintreten, sehen sie, dass sich hier vier oder fünf Verletzte ein Bett teilen, andere liegen auf dem Boden und in den Gängen. Und sie erfahren, dass all jene, denen es wieder einigermaßen gut geht, in die Gefangenenlager Sibiriens geschickt werden. Die wenigsten kehren von dort zurück.

Elsa Brändström, die Tochter des schwedischen Botschafters in St. Petersburg, verbringt bereits ihre ersten drei Lebensjahre in der Stadt an der Newa und lebt dann mit ihrer Familie in Schweden, wo sie nach der Schule ein Lehrerinnenseminar besucht. Mit zwanzig Jahren folgt sie ihren Eltern und Brüdern zurück nach St. Petersburg, wo ihr Vater nun als Gesandter Schweden repräsentiert.

Nach der naturverbundenen, eher zurückgezogenen Kindheit und Jugend in Schweden genießt Elsa das schillernde gesellschaftliche Leben der russischen Metropole. Zugleich herrscht in der Stadt vielerorts Not und Armut. Als der Erste Weltkrieg ausbricht, absolviert sie gemeinsam mit ihrer Freundin Ethel, der Frau des schwedischen Legationsrates, einen Schnellkurs in Krankenpflege.

Das Leid der Verletzten, die Situation der Kriegsgefangenen in der »Menagerie«, deren fast aussichtslose Hoffnung, zu überleben und irgendwann vielleicht doch in die Heimat zurückzukehren, erschüttern Elsa Brändström zutiefst. Ihre Mutter war ein Jahr zuvor gestorben. Sie vertraut sich ihrem Vater an. General Edvard Brändström hatte seinen Kindern eine liberale und freie Erziehung ermöglicht, dabei gleichzeitig immer moralischen Grundsätzen große Bedeutung beigemessen. Er bestärkt seine Tochter in ihrem Wunsch zu helfen, etwas zu tun, um das Leid der Gefangenen zu lindern.

»Niemand kann einen Menschen daran hindern, das zu erfüllen, was er als seine Aufgabe erkennt«

Elsa Brändström und Ethel von Heidenstam beginnen, Hilfe zu organisieren. Beiden ist klar, dass die ohnehin geschwächten und mit Kleidung nur sehr mangelhaft ausgerüsteten Manner keinen sibirischen Winter überleben würden. Ihr Plan: Jeder Gefangene soll einen Rucksack erhalten mit jeweils zwei Hemden, Unterhosen, Strümpfen, Handschuhen, Pulswärmern, außerdem Schal, Taschentücher, Hosenträger, Seife, Löffel, Essschale, Zahnbürste, Kamm, Nähzeug. Dafür bilden sie ein Hilfskomitee des schwedischen Roten Kreuzes für die Kriegsgefangenen aller Nationen – und beschließen, den Transport nach Sibirien zu begleiten und die Verteilung der Hilfsgüter vor Ort zu kontrollieren. Als die entrüstete Petersburger Gesellschaft Elsas Vater auf die Aktivitäten seiner Tochter anspricht, er-

widert er: »Niemand kann einen Menschen daran hindern, das zu erfüllen, was er als seine Aufgabe erkennt!«

Die beiden jungen Krankenschwestern allerdings ahnen nicht, worauf sie sich eingelassen haben. Die 7.000 Kilometer lange Wegstrecke erweist sich als äußerst mühsam; Schneeverwehungen, technische Pannen und Stürme halten sie auf. Nach etlichen Wochen erreichen sie endlich ihr Ziel: das östlich vom Baikalsee gelegene Lager bei Srjetensk, wo 11.000 deutsche Gefangene untergebracht sind. Hier wütet das Fleckfieber, eine gefährliche Infektionskrankheit, deren Erreger von Kleiderläusen übertragen werden. Die russischen Wachmannschaften haben sich aus Angst vor Ansteckung zurückgezogen, das Lager befindet sich in einem weiträumigen Sperrbezirk. Davon, dass die Schwestern mit ihren Gütern herzlich willkommen geheißen würden, kann keine Rede sein. Der Kommandant zeigt offen seine Ablehnung. »Sie bringen Unruhe in mein Lager«, sagt er und stellt erst nach Tagen die erforderliche Erlaubnis zum Besuch aus. Die Zustände dort in den Baracken übertreffen die schlimmsten Befürchtungen der beiden Frauen – überfüllte Hallen, Männer in zerrissenen, mühsam zusammengehaltenen Uniformen, ein fürchterlicher Gestank nach Kot, Unrat, fauligem Stroh, Kranken und Toten. Elsa Brändström weicht zurück, muss sich übergeben, steuert dann auf den Kommandanten zu, schreit den Mann an, der gerade in Ruhe eine Zigarette rauchen will, bittet ihn schluchzend, mitzukommen. Er willigt ein und gibt dann stammelnd zu, das Lager noch nie betreten zu haben – und ist nunmehr dankbar für die Unterstützung. Unter Mitarbeit des Kommandanten und seiner Untergebenen richten Elsa und Ethel

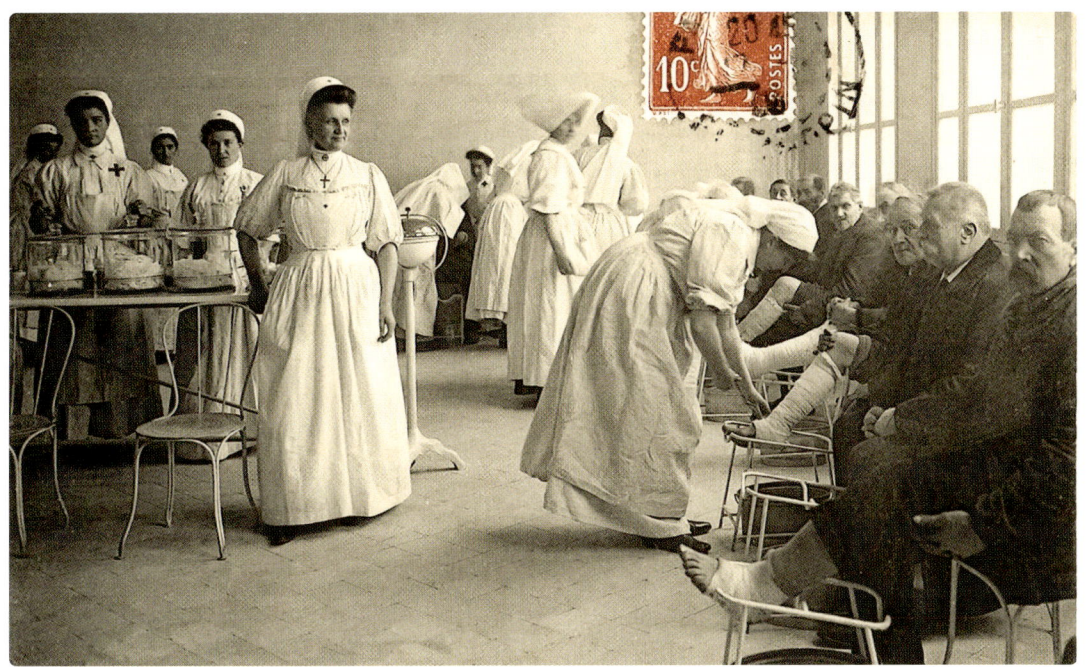

Postkarte Anfang des 20. Jahrhunderts: Krankenhausschule, in der Verwundete des Militärs behandelt werden

ein Krankenhaus mit 550 Betten ein, eine Schneiderei und eine Tischlerei, kaufen Decken, Geschirr, Instrumente, Schlitten, Pferde. Die Gefangenen bekommen neue Wäsche. All diese Arbeiten sind für die beiden Frauen nicht ohne Risiko, Elsa Brändström erkrankt selbst an Fleckfieber, wird aber von Ethel von Heidenstam Tag und Nacht gepflegt und auch wieder sicher nach Petrograd gebracht.

Wieder zurück in ihrer Familie angekommen, ist es ihr unmöglich, mit der Hilfsaktion für die Kriegsgefangenen aufzuhören – zu viel Elend hat sie gesehen. Und sie weiß, dass es anderen Gefangenen auch nicht besser ergeht als denen von Srjetensk. Sie engagiert sich weiter, reist nunmehr als Gesandte des schwedischen Roten Kreuzes an Orte, an denen die Situation der Gefangenen sogar noch schlimmer ist. In dieser Zeit sterben fast 80 Prozent der deutschen und österreichischen Kriegsgefangenen in den russischen Lagern. Elsa Brändström besucht in diesen Jahren etwa 700.000 Kriegsgefangene – den »Engel von Sibirien« nennt man sie. Dank der von ihr aufgebauten schwedischen Hilfsorganisation kann sie Nahrungsmittel in die Lager schicken, die medizinische Versorgung verbessern und auch Einfluss auf die Behandlung der Gefangenen nehmen. Mit Unterstützung von Ethel von Heidenstam organisiert Elsa Brändström Gelder und Spenden, spricht persönlich in Königshäusern vor; ihr Vater hält die Fäden der Spendenorganisation in den Händen.

Durch die Oktoberrevolution 1917 und unter den neuen kommunistischen Herrschern wird Elsa Brändströms aufopferungsvolle Arbeit in Russland jedoch zunehmend erschwert. Nach einer Verhaftung in Sibirien geht sie zurück nach Schweden und agiert von dort aus. Ein von ihr geschriebener Aufruf an die schwedische Bevölkerung, der landesweit ausgehängt wird, hat immense Resonanz: Innerhalb kürzester Zeit können Rucksäcke für 30.000 Kriegsgefangene von Schweden nach Sibirien geschickt werden. 1921 veröffentlicht Elsa Brändström ihr Buch ›Unter Kriegsgefangenen in Russland und Sibirien 1914–1920‹. Im selben Jahr eröffnet sie in Deutschland, in der Nähe von Berlin wie auch in Sachsen, Einrichtungen für die Kinder von Kriegsgefangenen sowie mehrere Sanatorien und Erholungsheime für die Heimkehrer aus Sibirien. Über 100.000 Dollar sammelt sie dafür auf Vorträgen in den USA, wohin sie 1923 reist. Eine Vortragsreise durch Schweden schließt sich an. Ihr Engagement wird in Schweden mit einer Ehrendoktorwürde der Universität Uppsala gewürdigt, ebenfalls erhält sie 1927 einen Ehrendoktortitel der Universität Tübingen. Fünfmal wird sie für den Friedensnobelpreis nominiert.

1929, mit einundvierzig Jahren, heiratet Elsa Brändström den Pädagogik-Professor Robert Ulich und zieht mit ihm nach Dresden, drei Jahre später kommt ihre Tochter Brita auf die Welt. Als Ulich eine Gastprofessur im amerikanischen Cambridge angeboten bekommt, emigriert die Familie.

Auch in Amerika hört Elsa nicht auf, sich für hilfsbedürftige Menschen einzusetzen. Insbesondere versucht sie, jüdischen Flüchtlingen aus Deutschland und Österreich den Neubeginn in den USA zu erleichtern. Nach dem Zweiten Weltkrieg startet sie dann in den USA Hilfsaktionen für notleidende Kinder in Deutschland, sammelt Kleidung, die in speziellen, auch als kleine Schränke verwendbaren Kisten verschickt werden – zweiundzwanzig US-amerikanische Wohlfahrtsverbände machen mit. Es ist die Geburt der berühmten CARE-Pakete, der CARE-Organisation (Cooperative for American Relief in Europe). Mit neunundfünfzig Jahren stirbt Elsa Brändström an Knochenkrebs.

Lebenstüchtig und arbeitsfroh

Ihr Buch ›Unter Kriegsgefangnen in Russland und Sibirien 1914–1920‹ leitet Elsa Brändström mit den Worten ein: »Trotz der Überzeugung, daß mir die Fähigkeit fehlt, Gesehenes und Erlebtes lebendig wiederzugeben, entschließe ich mich doch zur Veröffentlichung folgender Aufzeichnungen. Denn ich glaube, daß ich der einzige Neutrale bin, der dem Geschick der Kriegsgefangenen in Rußland und Sibirien vom Anfang bis zum Ende der Gefangenschaft gefolgt ist.« Und sie schließt mit den Sätzen: »Mein heißer Wunsch ist es, diesen heimgekehrten Kriegsgefangenen zu helfen, da viele von ihnen den Kampf mit dem Leben noch nicht aufnehmen können und doch nicht zu denen gehören, die wegen ihrer vollständigen Invalidität vom Staate versorgt werden. Ich habe deshalb gehofft, aus dem Erlös meines Buches und durch Spenden eine Art Arbeitssanatorium schaffen zu können, in dem früheren Kriegsgefangenen aus Rußland durch Ruhe und sorgenfreie Arbeit die Möglichkeit gegeben werden soll, wieder lebenstüchtige und arbeitsfrohe Menschen zu werden.«

Elsa Brändström folgt ihrem Impuls zu helfen. Sie mobilisiert und inspiriert. Sie ist mutig, hat ein großes Herz, Sinn für das Praktische und zeigt Rückgrat. Adolf Hitler bittet die schlanke, große, blonde Frau um ein Treffen. Sie schreibt, so wird berichtet, ein Telegramm zurück, auf dem nur ein Wort steht: »Nein«.

»Mein heißer Wunsch ist es, diesen heimgekehrten Kriegsgefangenen zu helfen, da viele von ihnen den Kampf mit dem Leben noch nicht aufnehmen können und doch nicht zu denen gehören, die wegen ihrer vollständigen Invalidität vom Staate versorgt werden.«

Elsa Brändström

»MUTTER ANNA« KURFÜRSTIN VON SACHSEN

Eine Wohltäterin, die selbst mit anpackt

Nie hätte die junge Anna von Dänemark gedacht, dass aus ihr eines Tages eine große Wohltäterin wird. Mit sechzehn Jahren heiratet sie den Bruder des damaligen Kurfürsten von Sachsen und alles deutet darauf hin, dass das jungvermählte Paar ein ruhiges Leben abseits des Hofes führt. Doch daraus wird nichts. Völlig unerwartet stirbt 1553 der Kurfürst an den Folgen einer Kriegsverletzung. Der Bruder rückt nach, und aus seiner jungen Frau wird mit nur einundzwanzig Jahren die Kurfürstin.

Eine große Aufgabe! Aber Anna ist vorbereitet. Sie hat am dänischen Hof eine umfangreiche Erziehung genossen, ist gebildet und kann lesen und schreiben. Von ihrer Mutter, die dem Hause Sachsen-Lauenburg entstammt, ist sie in die Haus- und Landwirtschaft sowie in die Heilkräuterkunde eingewiesen worden. Nun setzt sie das Ge-

lernte um, in großem Stil. In ganz Sachsen kümmert sie sich um die Verbesserung der Landwirtschaft, des Obst- und Weinbaus. Schon bald gilt sie als Expertin auf diesen Gebieten. In Küche und Garten packt sie eifrig selbst mit an und lässt es sich nicht nehmen, zu buttern oder zu käsen, zu imkern oder eigenhändig die Murmeltiere zu versorgen, deren Schmalz sie für medizinische Zwecke benötigt. Sie nutzt ihre neue Rolle, um Sachsen in Sachen Landwirtschaft, Hauswirtschaft, Heilkunde, Pflege und Pharmazie ein ganzes Stück nach vorne zu bringen.

Neben der Land- und Hauswirtschaft ist Anna von Dänemark an der Heilkunde interessiert, mehr noch: Sie gilt als eine der führenden Frauen in der Heilkunde des 16. Jahrhunderts. Sie bringt viele Kenntnisse von zuhause mit, wirkt aber wie eine begeisterte Autodidaktin, die alles Neue begierig aufnimmt. Und sie ist eine Frau mit unglaublicher Energie. Sie schreibt Arznei- und Kochbücher, mischt Arzneien und Schönheitsmittel. Sie sorgt mit Unterstützung ihres Mannes für eine bessere Ausbildung der Barbiere und Wundärzte, verfügt eine jährliche Visitation der Apotheken durch einen Arzt, etabliert die Schulung junger Mädchen in Hauswirtschaft und Kräuterkunde, bemüht sich um eine geregelte Ausbildung für Hebammen und stellt selbige für die Stadt Dresden an. Auch selber »packt sie an«, betreut Schwangere und Kranke. Sie liest viel, tauscht sich aus, ist eine Netzwerkerin und führt eine umfangreiche Korrespondenz – nach ihrem Tod hinterlässt sie über 10.000 Briefe und Notizen.

Mit dem Wasser des Lebens seelischen Kummer und körperliche Leiden vertreiben

Sie lässt sich von Ärzten und Apothekern beraten, so vom Medizinprofessor Paul Luther, dem Sohn des Reformators. Auf mehreren der insgesamt fünfzehn Schlösser des Kurfürstentums werden Laboratorien für Arzneikunde eingerichtet, wobei der wichtigste Standort in dem Örtchen Lochau liegt – ab 1573 Annaburg. Hier entsteht ein Laboratorium, das alle bisherigen an Größe und Ausstattung übertrifft. Hergestellt werden zahlreiche Pflege- und Arzneimittel, Seifen und Salben, Zahnseife und Zahnpulver, Kräuterschnäpse, Duft- und Heilwässer, allen voran ein »Aqua vitae« – Wasser des Lebens – ein mit Kräutern versetzter Branntwein, der seelischen Kummer ebenso vertreiben soll wie körperliche Leiden. Ihre Rezepte schreibt

Anna auf und richtet 1579 gemeinsam mit dem Annaburger Apotheker Andreas Peißker die erste Kurfürstliche Hofapotheke in Dresden ein. Es ist ihre hervorragende Stellung als sächsische Kurfürstin, die sie vor den Hexenverfolgungen jener Zeit bewahrt. Um sie herum werden in diesem Jahrhundert unzählige Frauen verfolgt, gefoltert und verbrannt, die sich weit weniger intensiv mit der Arzneizubereitung befassen.

Anna von Dänemark nutzt ihre gesellschaftliche Stellung und ihre Kontakte, um Infrastrukturen zu verbessern, Bildung zu fördern, Wissen weiterzugeben, Gutes zu tun. Sie ist freigiebig, teilt nicht nur ihr Wissen, sondern auch ihre Güter. Hunderte von Flaschen weißen und gelben Aquavits schickt sie an andere Fürstenhäuser, verteilt ihre selbst hergestellten Mixturen auch kostenlos an die Armen. An jedem Neujahrstag öffnet sie in Annaburg ihre Keller und verschenkt ihre selbsthergestellten Arzneien an »Vornehme und Geringe«. Bald wird sie »Mutter Anna« genannt, vom Volk geliebt und geachtet.

»Mutter Anna« wird geschätzt für ihre Tatkraft, ihre Neugierde und ihr soziales Engagement

In ihrem privaten Leben ist Anna, die Mutter, weniger gesegnet: Sie bringt über einen Zeitraum von fünfundzwanzig Jahren fünfzehn Kinder zur Welt. Doch nur vier von ihnen erreichen das Erwachsenenalter. Ihr Kummer um die elf verstorbenen Kinder wird unfassbar gewesen sein. Umso eindrucksvoller sind ihre Tatkraft, ihre Neugierde und ihr soziales Engagement als Landesmutter.

Sie verschenkt ihre selbsthergestellten Arzneien an »Vornehme und Geringe«.

»Ich bin doch nicht hierhergekommen, um zu gehen, wenn es schwierig wird.«

Monika Hauser

*1959

MONIKA HAUSER

Gründerin der Frauenrechts-organisation medica mondiale

»Ich werde gebraucht!«, sagt Monika Hauser. »Ich bin doch nicht hierhergekommen, um zu gehen, wenn es schwierig wird.« Obwohl Zenica von kroatisch-bosnischen Militärs mit Granaten beschossen wird, weigert sie sich, die Stadt im April 1993 zu verlassen. Hier in Zenica hat sie gemeinsam mit bosnischen Mitstreiterinnen einen Ort geschaffen, an dem Frauen Schutz und medizinische sowie psychologische Unterstützung finden. In einem ehemaligen Kindergarten haben sie das Therapiezentrum Medica Zenica eingerichtet. Parallel zum Aufbau des Zentrums in Zenica engagiert sich Monika Hauser mit Verbündeten für die Gründung von medica mondiale in Köln – die wichtigste global agierende Organisation im Kampf gegen sexualisierte Kriegsgewalt.

Der Bosnienkrieg ist neben anderen kriegerischen Konflikten eine der schrecklichen Folgen des Zerfalls des Vielvölkerstaats Jugoslawien. Nachdem die internationale Gemeinschaft 1992 die Unabhängigkeit der neuen Republik Bosnien und Herzegowina anerkennt, eskalieren die Spannungen zwischen der serbischen, bosnischen und kroatischen Bevölkerung. Die serbische und später auch kroatische Aggression gegen bosnische Muslime löst einen Krieg aus zwischen Menschen, die einst friedlich Tür an Tür gelebt haben. Detaillierte Berichte über massenhafte Vergewaltigungen, in denen Frauen als gequälte Opfer beschrieben werden, erreichen im Herbst 1992 auch Deutschland. Nach einem Beitrag im ZDF-Magazin ›Mona Lisa‹ über die Frauen in Zagreber Flüchtlingscamps wird ein Hilfsfonds eingerichtet, den die Arbeiterwohlfahrt verwaltet; auch an anderen Stellen wird Geld gesammelt und gespendet, um zu helfen – nur wie, das ist noch nicht klar. Kurz vor Weihnachten macht sich Monika Hauser auf den Weg nach Zenica. »In einer akuten Krisensituation bleibt keine Zeit, lange abzuwägen. Es geht darum, schnell Entscheidungen zu treffen.« Schnell – und intuitiv: »Ich war sehr wütend über das, was ich in den Medien gelesen hatte, wie die Frauen beschrieben wurden, dass keine Organisation auf die Idee kam, etwas zu unternehmen – und da bin ich quasi über Nacht losgefahren.«

Monika Hauser beschließt, Ärztin zu werden und Frauen zu unterstützen

Geboren wird Monika Hauser 1959 in Thal im Kanton St. Gallen. In den späten Fünfzigern haben dort ihre Südtiroler Eltern Arbeit gefunden, und so wächst sie als italienische Staatsbürgerin in der Schweiz auf. Dass sie Ärztin werden will und vor allem

Frauen unterstützen möchte, beschließt Monika mit siebzehn Jahren nach einem Kibbuzaufenthalt. Ihre Großmutter, die älteste von vierzehn Geschwistern, hatte ihr oft erzählt, wie sie Gewalt durch ihren Ehemann erfahren musste. Dies war der Preis, den sie gewissermaßen dafür zahlte, dass sie der harten Arbeit zuhause durch die Heirat entkommen war und ihre Kraft wenigstens in eine eigene Familie stecken konnte.

Schon während ihres Studiums ist es nicht das Interesse an medizinischer Forschung, das Monika Hauser motiviert: Sie will mehr politische Aufmerksamkeit auf die Gesundheit von Frauen lenken. In Zusammenhang mit den Erinnerungen ihrer Mutter an den Zweiten Weltkrieg beschäftigt sie zudem die Frage, welche Auswirkungen im

Bei der Eröffnungsfeier des Frauenzentrums von medica mondiale in Fish Town, Liberia, 2007

Krieg erlebte Schrecken auch noch später auf einen Menschen und seine Nachkommen haben können. »Ich habe früh über die Traumata nachgedacht, die meine Mutter als junges Mädchen in Bayern erlebt hat. Waren die Südtiroler ja damals gezwungen, sich zu entscheiden: Bleiben sie im faschistischen Italien oder gehen sie ins faschistische Deutschland; die Familie meiner Mutter hatte sich für Bayern entschieden, wo sie die Bombennächte erlebt hat.« Durch das sogenannte Hitler-Mussolini-Abkommen wurde die deutschsprachige Bevölkerung 1939 in Südtirol vor die Wahl gestellt, nach Deutschland umzusiedeln oder in Italien zu bleiben, wo deutsche Sprache und Kultur aber aufgegeben werden mussten; ein Großteil der Menschen entschied sich für die Umsiedlung. »Transgenerationales Trauma« wird die Überlieferung von Gewalt und Schrecken an Kinder und Kindeskinder heute bezeichnet: »Die haben wir mehr oder weniger in allen Nachkriegsgesellschaften mitgekriegt«, sagt Monika Hauser, es gibt nur sehr viele unterschiedliche Weisen, damit umzugehen.

Nach dem Abitur verlässt Monika Hauser die Schweiz und ihre Eltern, beginnt in Innsbruck ihr Medizinstudium und reist in den Semesterferien für ein Praktikum nach Sri Lanka. Dort wohnt sie in einer Villa direkt neben den Slums – und hinterfragt das gängige Prinzip von Entwicklungshilfe. »Ich fand Berichte über Albert Schweitzer zwar toll, aber dieses Paternalistische war mir schon als junge Studentin zuwider.« Monika Hauser mag auch deshalb das Bild der »helfenden Hände« nicht, sie bevorzugt »Hände, die zupacken«.

Zurück in Europa geht sie für das Praktische Jahr, das Medizinstudierende absolvieren müssen, ans Regionalkrankenhaus nach Schlanders in Südtirol und macht sich dort in der Gynäkologie unbeliebt, weil sie, wenn es sein muss, gegen Ärzte und Ehemänner Partei ergreift für ihre Patientinnen. Nach dem Staatsexamen an der Universität Bologna zieht sie nach Köln, findet schließlich eine Stelle an der Universitätsklinik in Essen. Im Krankenhausbetrieb, noch ohne die Qualifikation der Fachärztin, beschleicht sie mehr und mehr der Eindruck, Frauen seien »Rohmaterial für die Profilierung männlicher Gynäkologen« – so beschreibt es Erica Fischer in Monika Hausers Biografie ›Am Anfang war die Wut‹. »Wie kann sich eine Frau nicht radikalisieren angesichts solcher Bedingungen?«, sagt Hauser rückblickend. Sie eckt an – und kündigt im Krankenhaus. Wenig später reist sie nach Zenica.

»Was muss noch alles passieren, bis die internationale Gemeinschaft es nicht mehr schafft, wegzuschauen«

Sie lernt Ärztinnen, Therapeutinnen, Krankenschwestern vor Ort kennen und baut gemeinsam mit rund zwanzig Fachfrauen Medica Zenica auf – aus der Ferne unterstützt von Kolleginnen in Nordrhein-Westfalen und ihrem späteren Mann Klaus-Peter Klauner. Im April 1993 wird das Zentrum offiziell eröffnet, Monika gibt Interviews, Flugblätter werben für »Hilfe für Frauen – Opfer von Kriegsverbrechen«. Und dann kommt der Krieg nach Zenica. Die HVO, der kroatische Verteidigungsrat, hat sich mit serbischen Tschetniks verbündet, für »ein Stück ihrer gemeinsamen Vernichtungsarbeit«, schreibt Monika Hauser in ihr Tagebuch und fragt: »Was muss noch alles passieren, bis die internationale Gemeinschaft es nicht mehr schafft, wegzuschauen?« Sie gibt nicht auf, bleibt in Zenica, auch wenn Unprofor, die Schutztruppe der Vereinten Nationen, sie drängt, das Gebiet zu verlassen. Sie bleibt, kämpft für ihre Mission – bis heute. Die Kraft dafür schöpft sie »aus mir selbst heraus, auch dadurch, dass ich weiß, wie die Realitäten von Frauen sind, und dass ich daran lebenslang etwas verändern will. Es gibt keinen Grund, die Hände in den Schoß zu legen. Was mich aber total ärgert, dass wir immer wieder um die gleichen Dinge neu kämpfen müssen. Das finde ich das Unerträglichste.«

Ende 1993 geben die ARD-Tageshemen bekannt, dass Monika Hauser zur »Frau des Jahres« ernannt worden ist. Medica Zenica wächst, weitere Standorte werden aufgebaut, während der Krieg fortschreitet mit Massakern, Gräueln und weiteren Vergewaltigungen. Auch nach dem offiziellen Kriegsende kommen Frauen nach Zenica oder suchen über das dortige SOS-Telefon Hilfe. Nach einem Namensstreit mit der Düsseldorfer Messe Medica erhält die Frauenrechts- und Hilfsorganisation 1995 den Namen medica mondiale e.V.; sie agiert international und hat ihren Sitz in Köln. Hauser findet weitere gleichgesinnte Fachfrauen, und gemeinsam entwickeln sie ihren ganzheitlichen »stress- und traumasensiblen« Ansatz (STA). Afghanistan, Liberia, Irak, und und und: Frauenrechtsorganisationen in 14 Ländern auf drei Kontinenten bilden heute das Netzwerk von medica mondiale. Gemeinsam mit lokalen Partnerorganisationen werden Frauen und Mädchen in Konfliktgebieten gestärkt und dabei unterstützt, Gewalt und Trauma zu verarbeiten. Frauenrechte, das Ende von sexualisierter Gewalt und langfristige gesell-

schaftliche Veränderungen stehen im Fokus. So wie Elsa Brändström im Ersten Weltkrieg nach St. Petersburg reiste, um die Bedingungen in den Gefangenenlagern zu verbessern, ist Monika Hauser, angetrieben von ihrer Wut über die Tatenlosigkeit der europäischen Staaten, nach Zenica gegangen. »I am angry. We should all be angry. Anger has a long history of bringing positive change« – diese Sätze aus dem Vortrag ›We Should All Be Feminists‹ der nigerianischen Schriftstellerin Chimamanda Ngozi Adichie passten hervorragend zu ihr, sagt sie im Rückblick.

Mit vielen Preisen ausgezeichnet, ist Monika Hauser nach wie vor aktiv als Vorstandsvorsitzende von medica mondiale – mehr als 70 Feministinnen arbeiten für die Organisation in Deutschland, ein Gewebe aus Fachkenntnis und Aktivismus. Sie halten den Kontakt in die Regionen – auch in Krisenzeiten – entwickeln den traumasensiblen Ansatz fortlaufend weiter. Mit Öffentlichkeitsarbeit machen sie auf das Thema sexualisierte Kriegsgewalt aufmerksam und fordern Veränderung in der Politik. Bei ihrer Arbeit hatte Hauser immer starke Unterstützung von zwei Männern: Ihr Sohn und ihr Mann, der seine beruflichen Wege unterbrach, damit sie medica mondiale weiter aufbauen konnte. Dass wir aus Krisen, entstanden aus kriegerischen Konflikten oder aus einer globalen Pandemie, etwas lernen, wünscht sich Monika Hauser für die Zukunft. Und, »dass Männer endlich reflektieren und gerade in dieser Pandemie ihre Verletzlichkeit anerkennen können, und dass Ressourcenausbeutung von Frauen und Kindern und von Natur ein Ende haben muss. Nicht nur für unsere heutige Gesellschaft, sondern auch für die, die nach uns kommen, unsere Kinder und Kindeskinder.«

»Es gibt keinen Grund, die Hände in den Schoß zu legen. Was mich aber total ärgert, dass wir immer wieder um die gleichen Dinge neu kämpfen müssen. Das finde ich das Unerträglichste.«

»Ich lechzte unbewusst
nach Freiheit!«

Ida Hofmann

IDA HOFMANN

Frei sein für ein wahrhaftiges Leben

Bloß nicht in der »besseren Gesellschaft« versauern, als Klavierlehrerin reicher Kinder. Etwas Neues anfangen, das wär's. Einfach raus. »Ich lechzte unbewusst nach Freiheit!« So erinnert sich Ida Hofmann später.

Es ist das Jahr 1899. In der Naturheilanstalt des Schweizer »Sonnendoktors« Arnold Rikli lernen sich die in Siebenbürgen geborene Ida Hofmann und der belgische Industriellensohn Henri Oedenkoven (1875–1935) kennen. Er ist vierundzwanzig, krank »bis zum Grabesrand«, sie, elf Jahre älter, aus kultiviertem Hause, als Klavierlehrerin in einem russischen Pensionat in Montenegro tätig, an Depressionen leidend und unzufrieden mit ihrem Leben. Beide wollen gesund werden durch eine naturgemäße Lebensweise, also durch Luft- und Lichtbäder, Bewegung, Wasseranwendungen, vegetarische Kost. Beide suchen, wie viele andere am Ausgang des 19. Jahrhunderts, nach einem alternativen Lebensentwurf. Ida und Henri kommen sich näher, wollen gemeinsam einen Ort schaffen für ein anderes Leben. Mit einigen Gleichgesinnten wandern sie von München ins Tessin und erwerben 1900 ein Stück Land bei Ascona. Sie nennen diesen Ort »Monte Verità« – »Berg der Wahrheit«, denn hier wollen sie »wahrhaftig leben«.

›Wahrheit ohne Dichtung. Aus dem Leben erzählt‹, so heißt, in Anspielung auf Goethes Dichtung und Wahrheit, der ausführliche Bericht von Ida Hofmann über den Aufbau des Monte Verità. Es ist die amüsante, anrührende, tragische Beschreibung einer Gruppe Idealisten, die – selbstbestimmt und basisdemokratisch – eine bessere Welt erschaffen möchte. Was nicht immer funktioniert: »Die Vereinigung so vieler verschiedener Elemente verursachte eine heillose Unordnung auf unserem Berge. Die Meisten tun nicht das Notwendige zur Förderung des Zweckes, sondern ungefähr genau das, was ihnen beliebt; es waltet eine schlecht verstandene Anarchie; die Durchzügler schlafen auf Heulagern – Kästen und Vorräte stehen offen – unsere mangelhaft gehütete Kuh fällt in unbegreiflicher Fressgier über einen grossen Seifenvorrat her und wir finden am nächsten Morgen ihre Leiche im Stall. Die von Karl fanatisch verfolgte Theorie der Selbsthilfe, verbunden mit nur sporadischer Arbeitslust seinerseits, sowie physischem Unvermögen der Einzelnen, weil sie schwere Arbeit nie gewöhnt waren, bewirken, dass die Hütten im Monat August genau so unvollendet dastehen wie im April – immer unhaltbarer scheint Henri und mir die Lage...«

Das Zentrum der modernen Körperkultur und Gesundheitsbewegung

Menschen kommen und gehen. Henri und Ida versuchen, das Geld zusammenzuhalten. Die anderen reagieren unterschiedlich auf das neue Miteinander. Schwester Jenny etwa wird erst spirituell, dann baut sie physisch und psychisch ab: »Ihr Auge blickt leer, ihr Körper trägt die Spuren schwerer, ihr nicht zusagender Arbeit.« Freundin Lotte Hattemer fastet und stirbt unter mysteriösen Umständen. Gusto Gräser, Natur- und Wanderapostel, wohnt nackt in einer Hütte und kritisiert Ida als Kapitalistin. Er wirft Geld weg, verschenkt mit seinem Bruder Karl das gemeinsame Erbe.

Der Monte Verità wird zu einem Zentrum der modernen Körperkultur und Gesundheitsbewegung – zum Magnet für Freigeister, Aussteiger, Nudisten, Künstler, Anarchisten, Philosophen, Theosophen, Wissenschaftler, Künstler, Politiker, für Individualisten jeglicher Couleur aus ganz Europa. Hermann Hesse ist hier zu Gast,

Hans Arp, Erich Mühsam, der Jugendstilmaler Fidus, Marianne Werefkin u. a. Maler der Künstlergruppe »Der große Bär«. Hier entsteht der moderne Ausdruckstanz mit Rudolf Laban, Suzanne Perrottet, Mary Wigman, Sophie Taeuber-Arp und anderen.

Auf dem Monte Verità entwickelt sich auch, maßgeblich durch die Arbeit von Ida Hofmann, ein neues politisches Bewusstsein: Die Frauen werfen ihre Korsagen ins Feuer und finden zu einem neuen Rollenverständnis, zur Gleichberechtigung von Mann und Frau. Im Zentralhaus wird ein Treppengeländer mit Yin-Yang-Zeichen eingebaut. Es geht um freie Liebe, darum, geschlechterübergreifend auf Augenhöhe zu sein. Ida Hofmann ist eine aktive Feministin, die sich für ein neues Frauenbild einsetzt: »Nicht im weltabgewandten Sinne, nicht im Sinne der landläufigen Frauenrechtlerei der Revolte ..., sondern im Sinne einer Frauenkultur, welche, im Bewusstsein der Verantwortlichkeit, durch Selbsterziehung ihr erhabenes Ziel zu verwirklichen strebt. Weibliche Tugend ist das vorsehende, fürsorgende Element im Weltenbau.« Neben einem neuen Verhältnis zwischen Mann und Frau gilt Vegetarismus als Geheimmittel eines naturnahen, friedlichen Lebens: »Vegetarische Lebensführung wirkt besser als Gesellschaften der Friedensfreunde und als Friedenskongresse, denn sie bringt das Einzelwesen auf eine sittlich so hohe Stufe, dass ihm der blutige Kampf zwischen Mensch und Mensch unmöglich wird«, schreibt Ida Hofmann.

Trotz dieser positiven Erfahrungen können Ida Hofmann und Henri Oedenkoven nicht die wirtschaftliche Seite des Projekts ignorieren. Nur als Selbstversorger zu leben, erscheint ihnen nicht mehr ausreichend, es muss Geld verdient werden. Ihnen bleibt auch nicht viel anderes übrig, nachdem Henris Eltern den Monte Verità besucht haben und, entsetzt über das Zusammenleben ihres Sohnes mit Ida ohne Trauschein, den Geldhahn zudrehen wollen.

Ida und Henri planen die Eröffnung eines Sanatoriums. Das neue Ziel ist hoch gesteckt, soll der Monte Verità ja »keine Naturheilanstalt im gewöhnlichen Sinne, sondern vielmehr eine Schule für höheres Leben« werden. Mit der Zeit entstehen auf dem 94.000 Quadratmeter großen Gelände ein Hotel, drei Häuser, elf Lichtlufthütten, einige Gebäude zur wirtschaftlichen Nutzung, ein Tennisplatz, Anlagen zum Sonnenbaden (Gebäude mit Glasdach für Sonnenbäder auch im Winter), Freilichtduschen, Freiluftreck, Lichtluftbäder, Lehm-bäder, Schwimmbad. Ein Teehaus lädt zum gemeinsamen Teetrinken ein, im »Zentralhaus« mit Speisesaal, Musikzimmer und Bibliothek wird das Essen angeboten, daneben finden hier die kulturellen Aktivitäten statt. Das Konzept des Sanatoriums, das maximal sechsunddreißig Gäste aufnehmen kann, umfasst die vegetarische Küche, Licht-, Lehm-, Wasser- und Luftanwendungen, Gymnastik, Tanz. Daneben Kunstunterricht, ein umfangreiches kulturelles Programm mit Musikabenden, Lesungen, Vorträgen, Feiern wie Kostümfeste oder Tanzabende und Diskussionsabenden – diskutiert wird, so ein Werbeprospekt, über »alles, was intelligente Menschen anregt«. Angesprochen werden erholungsbedürftige Städter oder, so die Anzeigen, der »abgehetzte Kultur-

Henri Oedenkoven und Ida Hofmann in der Casa Anatta um 1903

mensch«. Er soll aus dieser »gemeinnützigen Anstalt für natürliche Heilung und wahres Leben« wieder »geheilt, verjüngt und von neuen Idealen durchglüht« in sein bisheriges Leben zurückkehren.

Das Sanatorium kann sich, mit wechselndem Erfolg zwar, trotz aller Rückschläge, Querelen und Auseinandersetzungen bis zum Ersten Weltkrieg halten. Dann bleiben die Gäste aus, vor allem aus dem Ausland. 1920 wird es verkauft. Ida Hofmann geht nach Spanien und später mit Henri und dessen neuer Frau nach Brasilien. Ihr Versuch, eine Kolonie »Monte Sol« zu gründen, scheitert jedoch. Am 12. Juli 1926 stirbt Ida Hofmann an Malaria.

Auch wenn so mancher über die Unvernunft, den Idealismus, die Egozentrik, die Diskussionen der ersten Hippies auf dem Monte Verità schmunzeln oder den Kopf schütteln mag: Ida Hofmann baut, gemeinsam mit Oedenkoven, einen Ort auf, an dem ein freies, gesundes Leben möglich sein soll. Sie investiert ihr gesamtes Vermögen, begeistert zahlreiche Mitstreiter. Vergleicht man den Monte Verità mit anderen naturheilkundlichen Einrichtungen dieser Zeit, so fällt auf – und dies ist sicherlich Ida Hofmann als Künstlerin zu verdanken –, welchen wesentlichen Stellenwert sie dem sozialen Leben, der Musik und Kunst, den Vorträgen, der Teekultur beimisst.

Sie verfolgt die gleiche Vision wie Oedenkoven. Aber, das zeigt ihr Bericht deutlich, mit einer großen Skepsis gegenüber allzu ausufernden Diskussionen: »Es begann daneben eine Zeit unerquicklichen Theoretisierens, jene Zeit unfruchtbarer und fanatischer Fanatasien, wie man sie bei Neulingen in einer Richtung immer beobachten kann; Feuereifer der Begeisterung

für die als gut erkannte neue Sache lässt sie alles bisher und augenblicklich Bestehende radikal und ohne Sichtung von gut und schlecht verwerfen.«

Die praktisch Begabte

Ida Hofmann, so scheint es, macht vieles möglich, durch den Weg vom Wille zur Tat, durch einen gesunden, die künstlerischen Fähigkeiten ergänzenden Pragmatismus. Dies beschreibt auch der Medizinhistoriker Karl Rothschuh, der die Rollen und Aufgaben von Oedenkoven deutlich unterscheidet. Er nennt Oedenkoven einen »Reformer, Heilkünstler und Theoretiker«, Ida Hofmann »die praktisch Begabte«.

Wie ging es weiter? In den 1920er Jahren erwirbt der deutsche Baron Eduard von der Heydt Monte Verità. Später wird dieser in ein Seminarzentrum umgewandelt und ist heute ein weltweit bekannter Tagungsort. Die ungewöhnliche Architektur, das Zeugnis einer für seine Zeit modernen Anlage, und das Erbe, das heute mit Hotel, Kongressen, Teegarten und künstlerischen Aktivitäten an die Tradition anknüpft, zeigen die Kraft der Ideen von Hofmann und Oedenkoven. Die Impulse vom Monte Verità finden sich weltweit, zum Beispiel in der Nature-Boy-Bewegung in den USA, die von Emigranten aus Europa nach dem Vorbild des Monte Verità und ähnlicher Lebensgemeinschaften gegründet wird, und die selbst Nat King Cole in dem gleichnamigen Song besingt.

All das entstand, weil um die Jahrhundertwende eine kleine Gruppe von Menschen unzufrieden war mit dem Gewohnten und nach neuen Lebensformen suchte. Und weil vermutlich Ida Hofmann dann gesagt hat: »Lasst es uns einfach tun.«

Bloß nicht in der »besseren Gesellschaft« versauern, als Klavierlehrerin reicher Kinder. Etwas Neues anfangen, das wär's. Einfach raus.

»Gib anderen nur das, was du selbst auch empfangen möchtest.«

Sybil Phoenix

SYBIL PHOENIX

Brückenbauerin zwischen Schwarzen und Weißen

»Ich möchte keinen Orden, weil ich kein Kleid besitze, das gut genug wäre, um ihn daran anzustecken.« Sybil Phoenix lehnt den MBE, das Ehrenzeichen eines Member of the British Empire ab, das ihr von Königin Elisabeth II. verliehen werden soll. »Was wollen Sie denn dann?«, wird sie von einem Reporter gefragt. »Ich möchte ein Haus und das Versprechen, dass die Polizei nachts nicht mehr an meine Tür klopft. Ich möchte einen Schrank mit Kleidung und Bettwäsche für diejenigen, um die ich mich kümmere: die Kinder, die sonst niemanden haben.« Auf den Hinweis, dass viele Menschen jubeln würden, verliehe ihnen die Queen einen Orden, entgegnet Sybil Phoenix: »Könnten Sie den Orden dann vielleicht für mich verkaufen?« Der Reporter geht, voller Unverständnis und Verwunderung über diese Schwarze Frau, die die Auszeichnung offensichtlich nicht wertschätzt. Die das Ehrenzeichen erst akzeptiert, als ihr, durch die Unterstüt-zung des Bürgermeisters, das gewünschte Haus plus Ausstattung zur Verfügung gestellt werden: Sybil Phoenix wird 1972 als erster Schwarzer Frau in Großbritannien der MBE verliehen, eine Anerkennung ihres Engage-ments für obdachlose Kinder und Jugendli-che. »Wir müssen anfangen, uns nicht mehr dafür zu schämen, was uns widerfahren ist«, sagt Sybil Phoenix 2008 auf der Beyond-Sla-very-Konferenz in London. Geboren 1927 in Britisch-Guyana, einer ehemaligen Kolo-nie des Vereinigten Königreichs, in der die Sklaverei 1834 abgeschafft wurde, ist sie eine Nachfahrin der Menschen, die ihrer Freiheit beraubt, zum Eigentum anderer gemacht und zur Arbeit gezwungen worden sind. Sybil ist neun, als ihre Mutter stirbt; ihr Va-ter arbeitet im Steinbruch und ist fast nie zu Hause. Sie fühlt sich allein – und zieht bald darauf in das Pfarrhaus der lokalen Kirchen-gemeinde, in der auch ihr Großvater predigt. »Religion bedeutet für Schwarze Menschen etwas anderes als für weiße – unser Glaube ist unser Überleben«, erklärt Sybil Phoenix, als sie sich an diese Zeit erinnert. In der Congregational Church in Georgetown findet sie ein neues Zuhause – und durch den christlichen Glauben auch ihren Weg.

»No Irish, no coloureds, no children, no dogs«

Es beginnt mit dem Singen. Zwei Missionare aus England hören sie und bieten ihr eine Gesangsausbildung an – unter der Bedingung, dass sie auch in den methodistischen Chor einsteigt. Das Singen macht ihr Spaß. Sie tritt auf Veranstaltungen von Clubland auf, einer offenen Jugendgruppe, die sich regelmäßig trifft und einmal im Monat für den Gottesdienst zuständig ist. Die Arbeit mit jungen Menschen wird sie ihr ganzes Leben begleiten.

Auch als junge Erwachsene schätzt Sybil Phoenix die Gemeindearbeit in Georgetown, der Hauptstadt von Guyana, aber eigentlich möchte sie nach England. Dort wohnt ihr Cousin, der in Briefen immer wieder über sein Leben in London berichtet. Als er schreibt, er würde in die USA ziehen und sie könne seine Wohnung haben, entscheidet sie schnell. Gemeinsam mit ihrem Verlobten Joseph Phoenix zieht sie 1956 nach London, kurz darauf wird geheiratet. In London ist vieles anders als sie es sich vorgestellt hat: Die Wohnung des Cousins besteht aus einem einzigen Zimmer mit Außentoilette – und Schwarzsein ist hier ein Problem. Auf Wohnungssuche erfährt sie, wer alles nicht willkommen ist: »No Irish, no coloureds, no children, no dogs.«

Da der Pfarrer aus Georgetown die methodistische Gemeinde im Stadtteil Shepherd's Bush über Sybil informiert hat, wird sie bereits wenige Tage nach ihrer Ankunft von seinem Londoner Kollegen begrüßt. Bald schon leitet sie die dortigen Jugendgottesdienste und gründet einen Jugendchor. 1962 zieht das Ehepaar Phoenix in den Südosten Londons, in den Stadtteil Lewisham, und auch hier möchte der Pfarrer, dass Sybil ein Jugendzentrum aufbaut. Als sie als Schwarze den ersten Gottesdienst mit den Jugendlichen gestaltet, beschwert sich ein Gemeindemitglied über die »Farbigen« aus Übersee, die hier die Kontrolle übernommen hätten. Sybil Phoenix fühlt sich in dieser Situation wie das »Schweinchen in der Mitte« aus dem Ballspiel, so beschreibt sie ihre damalige Rolle: tief verbunden mit der Schwarzen Gemeinschaft und gleichzeitig auch mit den Weißen, mit denen sie jeden Sonntag den Gottesdienst feiert.

Das Jugendzentrum von Lewisham verfügt über keinen eigenen Raum, und erst nach längerer Suche finden sie ein ehemaliges Gemeindehaus, das zunächst einmal renoviert werden muss: Darin gründen Sybil und Joe Phoenix 1972 den Moonshot Club, benannt nach der Mondlandung. Das Haus ist nicht nur für Schwarze ein Zufluchtsort, sondern für alle Kinder und Jugendlichen. »Ein Mädchen, sie war elf Jahre alt, sollte nach einem Wochenende in meinem Haus von den Sozialarbeiterinnen wieder abgeholt werden. Sie weinte, wollte nicht gehen. Sie wollte bei uns bleiben, weil sie gesehen hatte, wie ich die anderen Kinder abends ins Bett gebracht, ihnen die Decken zurechtgerückt und mit ihnen gebetet habe. Etwas, das sie nicht kannte. Deshalb wollte sie bleiben – obwohl sie als einzige weiß war.

Während des Besuchs des Buckingham Palace

zubrennen. Und sie machen die Drohung während eines Streiks der Feuerwehr wahr. Aber Sybil Phoenix lässt sich nicht unterkriegen: »Mein Name ist Phoenix«, sagt sie, »und mit Gottes Hilfe will ich ein neues Zentrum aus der Asche errichten.«

Bei der Einweihung des neuen Hauses im Jahr 1981 ist der Prince of Wales anwesend. Sybil Phoenix gibt die Leitung auf: Sie beginnt eine Ausbildung als »Local Preacher« in der Methodistischen Kirche. »Wir müssen anfangen, darüber nachzudenken, wie wir unseren Kinder Bildung nahebringen können«, sagt Sybil Phoenix – und damit meint sie nicht nur lesen und schreiben, sondern auch: Wie gehe ich mit einem Menschen um, der anders aussieht als ich selbst. Denn es ist nicht nur ihr Glaube, der sie antreibt, sich vor allem um Kinder zu kümmern, es sind auch die Rassismuserfahrungen, die Sybil als Schwarze Frau in England gemacht hat. So stemmt sie sich gegen jede Form von Diskriminierung, die Menschen aufgrund ihrer Hautfarbe, ihrer Herkunft, ihrer »race« leidvoll erleben. »Ich bin die Tochter eines Sklaven. Und ich kann nicht vergessen, wo ich herkomme.« Als Schwarze trägt sie die Gaben ihrer Vorfahrinnen und Vorfahren, ihre Träume, Wünsche und Hoffnungen in sich, aber auch die Erinnerungen daran, was Sklaven-

Natürlich habe ich auch sie abends ins Bett gebracht, genau wie die anderen.« Für Sybil Phoenix sind Kinder eben Kinder, unabhängig von Hautfarbe oder Herkunft.

»Ich bin die Tochter eines Sklaven. Und ich kann nicht vergessen, wo ich herkomme«

Den Moonshot Club möchte sie besser ausstatten und Platz schaffen für die Fußball-, Cricket- und Netball-Teams des Clubs. Sie bewirbt sich um kommunale Unterstützung. 1977 werden ihr £ 50.000 zugesichert, mit denen sie den Moonshot Club erweitern kann, auch durch eine Turnhalle. Doch der Club passt nicht jedem in der Gegend, Mitglieder der rechtsextremistischen National Front kündigen an, das Gebäude niederhalter – und ein System, das Sklaverei und Unterdrückung schafft und erlaubt – ihnen angetan haben.

»Ich feiere mein Schwarzsein und bleibe eine Mutter, eine Großmutter, und eine Frau, die sich als Pflegemutter um Hunderte andere Kinder gekümmert hat«

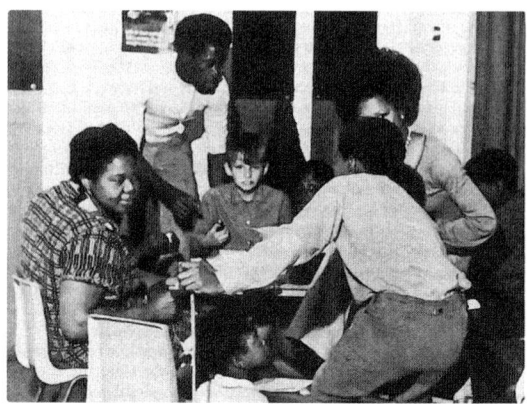

Bei der Arbeit mit Kindern und Jugendlichen

So gibt es im Moonshot zwei Bücherkisten, eine mit Büchern von Schwarzen Autoren, die andere mit Büchern über Schwarze, von Weißen geschrieben. »Racism Awareness«, also die Sensibilisierung für Rassismus, von dem Menschen alltäglich umgeben sind – oftmals ohne das bewusst wahrzunehmen – ist für Sybil Phoenix von großer Bedeutung. Gemeinsam mit Reverend Vic Watson von der Methodistischen Kirche ruft sie MELRAW (Methodist Leadership Racism Awareness Workshop) ins Leben, ein Projekt, das Anti-Rassismus-Training anbietet. Von 1979 bis 1988 lässt sich der evangelische Pfarrer Austen Peter Brandt von Sybil zum Trainer ausbilden und gründet zusammen mit anderen ihr zu Ehren Phoenix e.V., ein Verein, der bis heute Anti-Rassismus- und Empowerment-Training für weiße und Schwarze Menschen anbietet. »Ich feiere mein Schwarzsein und bleibe eine Mutter, eine Großmutter, und eine Frau, die sich als Pflegemutter um Hunderte andere Kinder gekümmert hat«, sagt Sybil Phoenix 2008 auf dem Kongress Beyond Slavery. »Wir müssen anfangen zu verstehen, was es bedeutet, unsere Kinder zu lieben.« Liebe und Vergebung sind für sie zentral – darin findet sie auch Freiheit: »Gib anderen nur das, was du selbst auch empfangen möchtest.« 1979 gründet sie den Marsha Phoenix Memorial Trust und erschafft damit einen weiteren Zufluchtsort, diesmal für alleinstehende obdachlose Frauen zwischen 16 und 21 Jahren. Die Stiftung ist benannt nach ihrer Tochter Marsha, die 1974 bei einem Autounfall ums Leben kam.

Eine Lebensaufgabe: sich für Menschen zu engagieren, die Hilfe brauchen

Sybil Phoenix' lebenslanges Engagement für andere, egal ob Schwarz oder weiß, ist nicht nur von der britischen Königin mit dem MBE ausgezeichnet worden, sie hat zahlreiche Ehrungen erhalten, darunter auch die Medal of Service (MS) von ihrem Geburtsland Guyana und zuletzt 2008 die als OBE, Officer of the Most Excellent Order of the British Empire. Für ein Jahr, von 1998 bis 1999, war sie Bürgermeisterin des Londoner Viertels Lewisham, danach ernannte man sie zur Ehrenbürgerin. Sich für Menschen zu engagieren, die Hilfe brauchen – damit hat Sybil Theodora Phoenix bis ins hohe Alter nie aufgehört.

Sybil Phoenix lässt sich nicht unter-kriegen: »Mein Name ist Phoenix«, sagt sie, »und mit Gottes Hilfe will ich ein neues Zentrum aus der Asche errichten.«

»Wir können gemeinsam und demokratisch eine Gesellschaft gestalten, in der die höchsten Werte nicht Geld und Wachstum und fortwährender Konsum sind.«

Carola Rackete

CAROLA RACKETE

Kapitän und Aktivistin für Menschlichkeit und Würde

Die Sea-Watch 3 liegt im Sommer 2019 nahe der italienischen Insel Lampedusa vor Anker und darf den Hafen nicht anlaufen. Auf dem Schiff sind 43 Menschen, die übers Mittelmeer aus Libyen kommend nach Europa wollen, Männer, schwangere Frauen, Minderjährige und die über zwanzigköpfige Besatzung. Darunter Carola Rackete als Kapitän – das Wort »Kapitänin« mag sie nicht: »Kapitän ist die korrekte Bezeichnung für diesen Beruf«, und dass sie eine Frau ist, das wisse sie. »Stammten diese Menschen aus Deutschland, Frankreich oder Italien, wären sie längst an Land.« Die Passagiere der Sea-Watch 3 stammen aber aus außereuropäischen Ländern, in denen Krieg, Vertreibung, Armut, Hunger sie zur Flucht gezwungen haben. Zuletzt mit einem Schlauchboot über das offene Meer. Dort wurden sie von der Besatzung der Sea-Watch 3 an Bord genommen. Zehn von ihnen sind dann von der italienischen Küstenwache an Land geholt

worden, darunter Kranke und Babys. Die Verbleibenden dürfen mit dem Boot keinen europäischen Hafen anfahren, weil die Aufnahme von Geflüchteten seit langem schon keine Selbstverständlichkeit ist, sondern ein Politikum. Besonders seit der europäischen Flüchtlingskrise 2015 diskutieren Regierende außenpolitisch heftig und kontrovers darüber, wie vielen Menschen Deutschland, Frankreich, Ungarn, Italien oder Spanien Asyl gewähren kann, soll, muss, will – oder nicht. An den Menschen auf der Sea-Watch 3 statuiert der italienische Innenminister Matteo Salvini ein Exempel – indem er sie nicht aufnimmt, solange es keine europäische Lösung gibt. Bis dahin ist allen zivilen Rettungsschiffen die Einfahrt in italienische Häfen untersagt. Kapitän Rackete hat von hoher See aus um Unterstützung gebeten, in Rom und Valetta bei den zuständigen italienischen Stellen, in Den Helder bei der Küstenwache – die Sea-Watch 3 fährt unter niederländischer Flagge –, in Berlin beim Auswärtigen Amt, in Frankreich, Spanien und Malta. Nichts ist geschehen. Deshalb hat Carola Rackete nach vierzehn Tagen den Notstand erklärt und ist ohne Genehmigung in die italienischen Hoheitsgewässer eingefahren, wo die Sea-Watch 3 jetzt vor Anker liegt. Darauf reagieren die italienischen Behörden, nehmen die Personalien der Crew auf, kündigen eine politische Lösung an, ebenso Untersuchungen der Staatsanwaltschaft wegen »Beihilfe zur illegalen Einreise« gegen Rackete.

»I am the captain, I will break the law. The legal responsibility is mine«, sagt sie vor der Einfahrt zu ihrer Crew – sie hat die Entscheidung gefällt und ist bereit, dafür den Kopf hinzuhalten.

Im Hafen hofft sie darauf, dass das Schiff beschlagnahmt wird, denn das würde bedeuten, dass die Geflüchteten endlich an Land dürfen.

»Es reichte mir nicht mehr, als eine Art Busfahrer für die Wissenschaft zu arbeiten«

Geboren 1988 in Preetz in Schleswig-Holstein, wächst Carola Rackete in einem Dorf bei Celle in Niedersachsen auf. Sie klettert gern auf Bäume, liebt die Natur, ist neugierig und interessiert – und willensstark. Nach dem Abitur fängt sie an, Nautik zu studieren, obwohl ihr die Aussicht, immer wieder für Wochen die Brücke eines Schiffes nicht verlassen zu können, bald nicht gefällt. Während eines Praxissemesters in Chile steuert sie eine Fähre durch Patagonien, reist durch Argentinien und Peru. Ein weiteres Praxissemester verbringt sie auf einem Schiff des Bundesministeriums für Bildung und Forschung, anschließend auf einer Ostseefähre. Über die Reederei erhält sie das Angebot, die Polarstern zu steuern, das Vorzeigeboot der deutschen Polarforschung. Sie sticht in See, Ziel: die Arktis. Dort ist der Klimawandel deutlich sichtbar, erkennbar an der Farbe des Eises, das alles umgibt. Die Forscher sind besorgt. Doch hat ihre Sorge keine wirklichen Konsequenzen für das globale Handeln. Sie geben ihre Ergebnisse weiter. Sonst passiert nichts.

Nach fünf Einsätzen fühlt Carola Rackete Enttäuschung, »es reichte mir nicht mehr, als eine Art Busfahrer für die Wissenschaft zu arbeiten.« Sie kündigt auf der Polarstern, arbeitet acht Monate für einen europäischen Freiwilligendienst in einem russischen Naturpark und heuert dann auf einem Greenpeace-Schiff an. Dort hört sie erstmals von der neu gegründeten Nichtregierungsorganisation Sea-Watch. Diese braucht Unterstützung, um Geflüchtete im Mittelmeer aus Seenot zu retten. Rackete meldet sich, erhält aber keine Antwort. Sie beginnt ein Naturschutzmanagementstudium in England und ist mit einem britischen Polarschiff auf dem Rückweg von den Falklandinseln, als eine Mail von der Sea-Watch sie erreicht. Ob sie kurzfristig einspringen könne, ein Kapitän sei erkrankt. Carola Rackete sagt zu und steuert bald darauf die Sea-Watch 2 durch das Mittelmeer. Zwei Jahre später geht sie erneut auf ein Seenotrettungsschiff, diesmal für die Organisation Sea-Eye. Gleich danach hilft sie, die Sea-Watch 3 für Missionen klarzumachen, das Schiff, mit dem sie im Sommer 2019 bekannt werden sollte.

Menschen in Not zu helfen, ist für Carola Rackete mehr als selbstverständlich, nicht nur als Kapitän. Sie steht auch an der Seite derjenigen, die wie die schwedische Klimaschutz-Aktivistin Greta Thunberg oder Luisa Neubauer – das »deutsche Gesicht« der Fridays for Future-Bewegung – für die Zukunft unseres Planeten kämpfen.

»Wie wollen wir in Zukunft mit Menschen umgehen, die auf der Flucht sind«

»Für meine Generation, diejenigen, die noch etwas länger auf diesem Planeten bleiben, geht es aber auch um eine viel größere Frage: Wie wollen wir in Zukunft mit Menschen umgehen, die auf der Flucht sind – und wie wollen wir, dass mit uns umgegangen wird?« Was Carola Rackete im Mittelmeer auf ihren Missionen erlebt hat, könnte aufgrund von Klimaveränderung und den darauf folgenden Ernteausfällen, Trinkwasserverknappungen und kriegerischen Konflikten wieder und wieder auftreten. Eine Entwicklung, die nicht nur befürchtet wird, sondern ein realistisches Zukunftsszenario darstellt. »How dare you – wie können Sie es wagen«, klagt die damals sechzehnjährige Greta Thunberg Regierungschefs und -chefinnen auf dem UN-Klimagipfel 2019 an: »Menschen leiden, Menschen sterben. Ganze Ökosysteme kollabieren. Wir stehen am Anfang eines Massenaussterbens, und alles, worüber Sie reden können, sind Geld und Märchen über ewiges Wirtschaftswachstum. Wie können Sie es wagen!«

Die »Irrfahrten« der Sea-Watch 3 vor der italienischen Küste werden von der Weltöf-

Carola Rackete, Kapitän des privaten Seenotrettungsschiffs Sea-Watch 3

fentlichkeit beobachtet – das »liegt auch daran, dass der betreffende Minister gerne und viel twittert und dass ich eine junge Frau bin und Kapitän«, so Carola Rackete. Die dahinterliegende strukturbedingte Ungerechtigkeit, mit der Menschen in größter Not zu Zahlen in einer Tabelle werden, von Staatsoberhäuptern hin- und hergeschoben, ausgetauscht oder gelöscht, gibt es schon lange; sie ist durch den Einsatz der Sea-Watch 3 besonders sichtbar geworden. Die europäischen Abkommen, allen voran das umstrittene »Dublin III«, das besagt, Geflüchtete müssen in dem europäischen Land Asyl beantragen, das sie als erstes betreten haben, funktionieren nicht. Vor allem Italien, Malta, Griechenland im Süden Europas fühlen sich von den anderen Ländern im Stich gelassen. Der Großbrand im Flüchtlingslager Moria auf der griechischen Insel Lesbos im September 2020, wo statt der vorgesehenen knapp 3.000 rund 13.000 Menschen campten, unter widrigsten Bedingungen warteten und hofften, ist eine weitere entsetzliche Folge schiefliegender Politik.

Die eigene Wut nutzen und aktiv gegen Ungerechtigkeiten angehen

»Ich bin wahnsinnig wütend, dass es auf der Welt so ungerecht zugeht, also musste ich was tun«, sagt Victoria Lange-Brock, die Ärztin, die 2019 gemeinsam mit Carola Rackete auf der Sea-Watch 3 unterwegs ist. Es ist ihr erstes Mal. Sie untersucht die Menschen und schreibt Berichte über ihre Verletzungen und Narben – viele »Folgen der Folter in libyschen Auffanglagern«. Hinzu kommen posttraumatische Belastungsstörungen und zudem noch die Seekrankheit.

Vierzig Menschen sind nach über zwei Wochen noch immer an Bord und warten. Carola Rackete hält die Untätigkeit nicht mehr aus. »Es war wirklich, wirklich frustrierend.«

Migration wird nicht geplant wie eine Urlaubsreise

Sie will handeln. Und zwar jetzt. Sie beruft ihre Crew ein, erklärt, dass sie keine weitere Nacht riskieren will, auch aus Angst, dass jemand aus Verzweiflung über Bord springt. »Also habe ich entschieden, in den Hafen zu fahren.« Im Hafen von Lampedusa warten die Polizei und aufgebrachte Einheimische, die Carola Rackete als »Menschenhändlerin« beschimpfen. Dass Seenotrettungsschiffe von Sea-Watch und anderen Organisationen die Flüchtlinge quasi ins Meer trieben, ist ein weit verbreiteter Vorwurf. Ein »Pull-Faktor« sei das, ein »falscher Anreiz«, der lieber vermieden werden sollte, vermutet nicht nur die europäische Grenzschutzagentur Frontex. Dafür gebe es aber »keinen einzigen Beleg«, hält die Migrationsforschung dagegen. Migration werde nicht geplant wie eine Urlaubsreise, das sei »viel zu schematisch gedacht«, sagt etwa Jochen Oltmer von der Universität Osnabrück. Mehrere Studien belegen das.

Eine Stunde nach dem Anlegen wird Carola Rackete von der italienischen Polizei verhaftet, abgeführt und auf die Zollstation gebracht. Im Morgengrauen erfährt sie, dass die Flüchtlinge jetzt von Bord geholt werden. Carola Rackete bleibt bis zu ihrer Anhörung übers Wochenende unter Hausarrest, dann geht es vor Gericht. Die Haftrichterin, die zunächst nur prüfen soll, ob Racketes Verhaftung legitim war, ordnet darüber hinaus die Gesamtsituation ein und stellt fest, »dass die Einfahrt in den Hafen von Lampedusa wegen des Notstandes gerechtfertigt war«. Weitere Untersuchungen durch die Staatsanwaltschaft folgen, bis Rackete im Januar 2020 freigesprochen wird. Fast alle, die sie aus der Seenot gerettet hat, sind zuerst nach Sizilien gebracht worden, später »wurden sie in alle Winde verstreut«, einige blieben in Italien, andere kamen nach Portugal, Finnland, Luxemburg.

Das Ziel von Carola Rackete? »Wir können gemeinsam und demokratisch eine Gesellschaft gestalten, in der die höchsten Werte nicht Geld und Wachstum und fortwährender Konsum sind.« Es ist Zeit, zu handeln.

»Für meine Generation, diejenigen, die noch etwas länger auf diesem Planeten bleiben, geht es aber auch um eine viel größere Frage: Wie wollen wir in Zukunft mit Menschen umgehen, die auf der Flucht sind – und wie wollen wir, dass mit uns umgegangen wird?«

HEL

FEN

»Rausgehen, pflücken, sammeln – und dann ab in die Küche.«

Eva Aschenbrenner

EVA ASCHENBRENNER

Hilfsbereite Expertin für Kräuter

Es ist keine leichte Tätigkeit: Im Zweiten Weltkrieg wird Eva Aschenbrenner kriegsdienstverpflichtet als Briefträgerin. In dieser Zeit muss sie so manche schlechte und traurige Nachricht überbringen. Und versucht dann zu trösten: »Ich entwickelte einen gewissen Helferdrang«.

Lange Zeit führt Eva Aschenbrenner mit ihrer Familie ein ruhiges Leben im oberbayerischen Kochel. Als sie fünfundvierzig Jahre alt ist, erkrankt ihr Mann Hans schwer an den Komplikationen einer früheren Schussverletzung aus dem Krieg. Die Ärzte können dem studierten Musiker nicht helfen. Eva Aschenbrenner will sich mit dieser Antwort nicht abfinden. Sie sucht nach anderen Heilungsmöglichkeiten und wendet sich den Pflanzen zu. Sie recherchiert, liest und lernt, bildet sich autodidaktisch weiter – und kann ihrem Mann damit tatsächlich helfen. Von nun an lassen die Wildkräuter sie nicht mehr los, die Vielfalt und Heilkraft dieser

Naturapotheke, die direkt vor der Haustür zu finden ist. Eine Apotheke mit Ackerschachtelhalm und Alant, Blutwurz und Brunnenkresse, Frauenmantel und Gänseblümchen, Kalmus und Mädesüß, Wacholder, Weidenröschen und Weißdorn.

Heilpflanzen erkennen und nutzen – das ist das Thema von Eva Aschenbrenner. Ihr Wissen will sie weitergeben, will den Menschen die Augen für die wunderbare natürliche Heilkraft öffnen. Will helfen, so wie sie es damals als Briefträgerin getan hat, will Trost spenden. Sie beginnt, in Kochel für das Verkehrsamt Kräutergänge anzubieten. Auf einer der Führungen wird sie angesprochen, ob »man das nachlesen könne«. Bislang hat sie nur einige Zettel mit Notizen. Aber ein Buch? Erst kann sie sich das gar nicht vorstellen, doch nach und nach findet sie Gefallen an der Idee. Eva Aschenbrenner schreibt auf, was sie wichtig findet, was die Menschen wissen sollten, wenn sie sich selbst mit wildwachsenden Heilpflanzen behandeln wollen. Sie schreibt, wie es ihr eingegeben wird. Und sie will dieses Buch auch genau so veröffentlichen. Der erste Verlag lehnt ab: so wie sie sich das vorstelle, ginge es nicht. »Ich habe mein Manuskript danach zurückverlangt, weil ich mich nicht in ein Klischee zwingen lassen möchte, denn dann bin das nicht mehr ich.« Sie findet einen anderen Verlag, der ihr Buch veröffentlicht. Die Familie bezahlt alles selbst, nimmt einen großen Kredit auf. »Am 29. September 1995 kamen gegen Abend schließlich vier Paletten mit insgesamt 10.000 Büchern bei uns in Kochel am See an. ... Als die Bücher dann da waren, hat mein Mann gesagt: ›Mensch, wenn wir auf den Büchern hocken bleiben.‹ Und da bin ich doch erschrocken, denn daran hatte ich gar nicht gedacht, und sagte schnell: ›Mei, dann ham mers's halt' probiert.‹« Es einfach probieren, das ist das eine, was wir von Eva Aschenbrenner lernen können. Denn ihr Mut wird belohnt. ›Der Wildkräutergang mit Eva Aschenbrenner durchs Jahr‹ wird mit 270.000 verkauften Exemplaren ein Bestseller. Weitere Bücher folgen: Jahrbücher, Kräuter- und Rezeptbücher für Tees, Speisen, Bäder, Salben.

Eva Aschenbrenner, die Kräuterfrau aus Kochel

»Wir haben verzichtet, gedarbt, gespart – das Land aufgebaut«

Sich durchzubeißen, das kennt Eva schon aus der Kindheit. Geboren wird sie 1924 in Kochel am See. Ihre Mutter ist Köchin, ihr Vater Wagner – er baut Wagenräder aus Holz. Sie wächst unter schwierigsten Bedingungen in einem kleinen »Zuhäusl« in Kochel auf. Mit neun Jahren muss sie bereits frühmorgens vor der Schule bei einem

Bäcker helfen und wird dafür mit Kost entlohnt. Sie lernt Hauswirtschafterin, ist während des Zweiten Weltkriegs in einem Ferienheim für Kinder in Bad Wiessee tätig. Das einfache und entbehrungsreiche Leben prägt sie. »Wir haben verzichtet, gedarbt, gespart – das Land aufgebaut. Wir haben schwerste Arbeit geleistet, auch schwerste Kinderarbeit.« Später ist sie im Arbeitsdienst und im Kriegshilfsdienst. Nach Ende des Krieges lernt sie die Schneiderei.

Die Beschäftigung mit Heilpflanzen gibt ihrer zweiten Lebenshälfte eine neue Ausrichtung. Aus den Kräutergängen entwickelt sie Seminare, ist darüber hinaus eine gefragte Rednerin. »Sie konnte ihre Zuhörer verzaubern«, so Evas Sohn Robert. Das Fernsehen wird auf sie aufmerksam, sie ist eine beeindruckende Erscheinung, in Tracht, mit den hochgesteckten grauen Haaren. Und sie redet kurzweilig, anschaulich und informativ. All das in einer Zeit, in der die Kritik an der konventionellen Medizin wächst und die Menschen fragen: »Was kann ich selbst tun?« Die Antwort von Eva Aschenbrenner: »Rausgehen, pflücken, sammeln – und dann ab in die Küche.« Die Wildkräuter verarbeitet sie zu Wein und Schnaps, Tees, Tinkturen und Auflagen, zum Beispiel zu Fichtenspitzen-Honig oder Magenbitter aus grünen Walnüssen, Beinwellsalbe oder Blutwurztinktur, Kräuterbad oder Kräuterkissen. Außerdem gibt es gebackene Brennnessel oder Wildkräuterpesto.

Über die innere Verpflichtung, ihr Wissen an andere Menschen weiterzugeben

Neben Kursen und Fernsehauftritten berät sie die Menschen zuhause. Meist wird sie angeschrieben mit Angabe der Telefonnummer und ruft dann zurück. »Sie hat das Gespräch gebraucht. Dabei hat sie intuitiv erkannt, was die Anrufer brauchten, um zu gesunden. Manche waren schon seit Jahren krank, Mutter war der letzte Strohhalm. Manchmal war sie den ganzen Tag am Telefon. Sie hat nie etwas dafür verlangt«, so Sohn Robert.

Eva Aschenbrenner spürt die innere Verpflichtung, ihr Wissen an andere Menschen weiterzugeben. Es ist ihr Motor. Sie empfindet es als ihren Auftrag, den begonnenen Weg weiterzugehen. Verbunden ist dieser Weg mit einer tiefen Achtung vor der Natur: »Die größte Kraft aber gibt mir unsere Schöpfung mit ihrer einmalig wunderbaren Natur, in der wir uns befinden und uns bedienen dürfen. Mit einem Bitten und Danken ohne Unterlass – es ist unsere Pflicht, mitzuhelfen, das Wunder Natur zu erhalten.« Diese Wertschätzung der Natur zu lernen und sie mit anderen zu teilen, auch das ist es, was Eva Aschenbrenner uns lehrt.

»Die größte Kraft aber gibt mir unsere Schöpfung mit ihrer einmalig wunderbaren Natur, in der wir uns befinden und uns bedienen dürfen. Mit einem Bitten und Danken ohne Unterlass – es ist unsere Pflicht, mitzuhelfen, das Wunder Natur zu erhalten.«

»Herr der Töpfe und Pfannen, ich habe keine Zeit, eine Heilige zu sein und Dir zu Wohlgefallen in der Nacht zu wachen ... Mache mich zu einer Heiligen, indem ich Mahlzeiten zubereite und Teller wasche.«

TERESA VON AVILA

Symbolträgerin aktiver Nächstenliebe

Helfen ja! Aufopferung nein! Teresa von Avila ist sich sicher: Um die ureigene Aufgabe, die tätige Nächstenliebe, ausführen zu können, muss man achtsam mit sich selbst sein und sollte die eigene Gesundheit nicht vernachlässigen – das gilt für alle, die anderen helfen wollen. Von dieser Überzeugung profitieren nicht nur die Kranken, die von Teresa gepflegt werden, sondern auch die Schwestern und Brüder des von ihr reformierten Karmeliterordens: »Bei jeder Gelegenheit und besonders bei unseren Krankheiten erwies sie uns unzählige Liebesdienste. Konnte sie uns infolge unserer Armut keine andere Erleichterung verschaffen, so erzählte sie uns erheiternde Dinge und brachte uns Blumen und Kräuter. Und wenn es ihr möglich war, bereitete sie uns mit eigener Hand wohlschmeckende Speisen ... In den Klöstern bediente sie uns oft im Speisesaal und im Krankenzimmer.« Teresas Haltung ist unüblich in ihrer Zeit.

Viele Frauen, die damals und auch in den darauf folgenden Jahrhunderten in einen christlichen Orden eintreten und später heiliggesprochen werden, kasteien sich, gehen barfuß, schlafen auf dem Steinfußboden, stellen eigene Bedürfnisse zurück, pflegen die Pest- und Leprakranken entsagungsvoll, messen ihre Nächstenliebe in Verzicht und Aufopferung. Manche von ihnen, wie Elisabeth von Thüringen, sterben völlig entkräftet von diesen Strapazen bereits in jungen Jahren.

Teresa von Avila wendet sich entschieden gegen zu große Selbstkasteiung als Beweis des Glaubens. Sie warnt sogar vor übertriebener Askese in Nahrung und Schlaf, um die Gesundheit anderer vor die eigene zu stellen. Sie hält überhaupt nichts davon, Bußübungen wie etwa das Schlafen auf bloßer Erde zu übertreiben und das eigene Wohl zu gefährden. Sie hat selbst lange Phasen von Krankheit erlebt. Geboren als Kind einer angesehenen Familie, wird sie mit sechzehn in ein Augustinerinnenkloster geschickt, aus dem sie jedoch bald wegen Krankheit wieder nach Hause zurückkehrt. Gegen den Willen ihres Vaters, der vermutlich Sorge um ihre Gesundheit hat, tritt sie – wie sie sagt, aus Angst vor der Ehe und aus Angst vor der Hölle – dann mit zwanzig Jahren in das Karmelitinnenkloster der Menschwerdung in Avila ein. Zwei Jahre später legt sie das Gelübde ab, erkrankt dann jedoch erneut schwer. Eine mehrmonatige Kur mit Brechmitteln, Schwitzkuren, Aderlässen und täglichen Abführmitteln schwächt sie weiter, sodass sie sich »binnen zwei Monaten am Rande des Grabes« befindet und angeblich über drei Jahre wie gelähmt daniederliegt. »Ich fiel auf diesem stürmischen Meer des Lebens fast zwanzig Jahre lang von Wellental zu Wellental; und wenn ich mich erhob, so nur, um neu zu fallen. ... Ich kann wohl sagen, dass es das unerfreulichste Leben war, das man sich vorstellen kann. Denn weder Gott noch die Welt machten mich glücklich.« So kann sie auf eigene Erfahrungen zurückgreifen, wenn sie insbesondere jungen Nonnen von einem Übermaß an »mystischer Gebetserfahrung« abrät und ihnen stattdessen nahelegt, die Bodenhaftung nicht zu verlieren. In einem ihrer Gebete heißt es: »Herr der Töpfe und Pfannen, ich habe keine Zeit, eine Heilige zu sein und Dir zu Wohlgefallen in der Nacht zu wachen ... Mache mich zu einer Heiligen, indem ich Mahlzeiten zubereite und Teller wasche.«

Pflege mit Liebe und Sorgfalt

Dass der Glaube sich im Tun für den Nächsten zeigt, ist eines der Charakteristika der von Teresa von Avila begründeten »unbeschuhten Karmeliter«, einem Zweig des Karmeliterordens. Sie gründet insgesamt neunzehn Reformklöster. Dort leben Nonnen in kleinen Gruppen wieder strenger nach den ursprünglichen Regeln des Ordens, der aus einer Eremitensiedlung hervorgegangen war: Armut, Kontemplation, Arbeit und praktische Nächstenliebe. Die karmelitischen Frauenklöster, wie sie damals in Spanien existieren, stellen eher fromme Gemeinschaften großer Gruppen adeliger Damen dar, oft ohne Klausur oder geregeltes Gebetsleben, dafür mit Dienerschaft und intensivem Kontakt zur Außenwelt. Teresa aber will zurück zu den Wurzeln des Christentums. In ihrer Ordensregel heißt es: »Die Kranken sollen mit aller Liebe und Sorgfalt und mit allem Mitleid, unserer Armut entsprechend, gepflegt werden. ... Man gebe ihnen Leinwand und gute Betten mit Matratzen und pflege sie mit großer Reinlichkeit und Liebe.« Teresa von Avila wird zur Schutzpatronin Spaniens ernannt, die »Mutter Teresa« des 16. Jahrhunderts. Sie ist eine im Alltag aktive, dem Leben zugewandte, weltoffene, nüchterne und pragmatische Frau mit großem Herzen und viel Humor, die ihre Liebe zu den Menschen in der Zuwendung gegenüber dem Einzelnen ausdrückt. Gleichzeitig aber ist sie eine bedeutende Mystikerin. Ihre Schriften sind herausragende Werke der spanischen Mystik.

1577, fünf Jahre vor ihrem Tod, veröffentlicht sie ›Las Moradas del Castillo interior‹ – ›Die Wohnungen der inneren Burg‹, ein berühmtes Werk der Weltliteratur. In dieser Schrift entwickelt sie einen groß angelegten Vergleich über die »Wohnungen« der Seele, ihre Schönheit und Würde, beschreibt die darin stattfindende Vereinigung der Seele mit Gott.

Ihr Anliegen ist zudem die Einübung eines besonnenen Lebensstils, der sogenannten »discretio«, dem Maßhalten. Ein wichtiger Pfeiler dieses Lebensstils ist die Ernährung. Ein weiterer der Ausgleich von Arbeit und Ruhe. Die Nichtbeachtung dieser Regel, vor allem durch zu viel nächtliche Arbeit, sieht sie als wichtigen Krankheitsfaktor an. Mitbrüdern und -schwestern, die dazu neigen, es mit der Askese zu übertreiben, rät sie: »Geben Sie sorgfältig darauf acht, dass Sie sich des notwendigen Schlafes nicht berauben« – sie meint damit sechs Stunden – »und genügende Nahrung zu sich nehmen.« Erkrankt sie selbst, so sieht sie meist die Ursache in Überarbeitung und Schlafmangel.

Aus allen Schriften Teresa von Avilas spricht eine unglaubliche Warmherzigkeit, eine genaue Kenntnis der menschlichen Schwächen und Eitelkeiten, der Zweifel, Ängste und Sorgen, denen sie stets mit Verständnis und einem gewissen Augenzwinkern begegnet. Dabei zeichnet sie zugleich große Selbstironie aus. An ihren Nachfolger schreibt sie ein Jahr vor ihrem Tod: »Dieser Brief ist voller Ratschläge, die einer alten und wenig demütigen Person ähnlich sehen. Gebe Gott, dass ich in etwa das Richtige getroffen habe! Wenn nicht, dann bleiben wir doch gute Freunde.«

Wir brauchen eine innere Haltung, die uns durch gute wie schlechte Zeiten geleitet

Heute sind die Gedanken und Texte von Teresa von Avila aktueller denn je. Es geht um eine innere Haltung, die uns gegenüber den vielen Einflüssen von außen, den schnellen Veränderungen, den Frustrationen, Belastungen und Unsicherheiten stark macht. Die uns Kraft gibt, uns immer wieder neu unseren Mitmenschen zu öffnen und zuzuwenden. In guten wie in schlechten Zeiten, in sicheren wie in unsicheren.

»Geben Sie sorgfältig darauf acht, dass Sie sich des notwendigen Schlafes nicht berauben und genügende Nahrung zu sich nehmen.«

Noch heute bringen Frauen anderen Suppen vorbei, Aufläufe, Kuchen. Immer dann, wenn Not ist oder es das Leben einfach angenehmer macht. Bei Krankheit, aber auch in besonderen Situationen, zum Beispiel nach einer Entbindung.

BLANCA BARDIERA

Helferin für hohen Preis

Blanca Bardiera will helfen. Kocht eine Suppe für die kranke Nachbarin, die nicht arbeiten und nicht essen kann, schon seit Wochen. Sie klopft also eines Tages an die Tür der Frau Bertrana. Diese gibt später zu Protokoll: »... Und dann trat sie ins Haus ein und suchte einen Topf, und sie brachte mir vom genannten Topf zwei Portionen, die nicht wie Brotsuppe aussah, ich wußte es selbst nicht, was das sein könnte. Und sie sagte mir, dass ich jene essen soll, und ich sagte ihr, dass ich das nicht will, dass ich sie nicht essen konnte. Und sie sagte mir, dass ich es doch gut essen könnte, dass sie sehr gut seien.« Blanca Bardiera hat Erfolg mit ihren Überredungskünsten. Die kranke Nachbarin beginnt zu essen, die Suppe scheint ihr zu schmecken: »Und als ich aufgehört hatte, ging es mir gut und es kam mir vor, dass ich keinen Schmerz mehr hatte.«

Eine liebevolle Geste von Blanca Bardiera. Noch heute bringen Frauen anderen Suppen vorbei, Aufläufe, Kuchen. Immer dann, wenn Not ist oder es das Leben einfach an-

genehmer macht. Bei Krankheit, aber auch in besonderen Situationen, zum Beispiel nach einer Entbindung. In ihrem historischen Abriss über die Geschichte der Geburt erzählt Beatrix Spitzer, dass es üblich war, dass Wöchnerinnen nach der Entbindung Besuch von ihren Nachbarinnen erhielten, die etwas Gutes zu Essen mitbrachten, klassischerweise eine nahrhafte »Wochensuppe« – »fette Butter und Mandelspeisen, Hühnerbrühe und Backwerk«. Und damit könnte auch die Geschichte von Frau Bertrana zu Ende sein. Das zitierte Protokoll gehört jedoch zu einem Hexenprozess des 16. Jahrhunderts und daraus geht hervor, dass die Geschichte für Blanca Bardiera noch lange nicht zu Ende war. Vielmehr sollte das Kochen der Suppe für sie sehr unangenehme Folgen haben. Das Wissen darum verdanken wir der Aufarbeitung dieses Falls durch das Frauenforschungszentrum Duoda der Universität Barcelona.

In unserem Buch über handelnde, helfende und heilende Frauen darf eine Würdigung von »Hexen« nicht fehlen, erfüllen sie doch oft alle drei Kriterien – sie tun etwas, sorgen sich um andere, verfügen nicht selten über Heilwissen. Die Künstlerin Bettina Semmer, die intensiv über Hexen gearbeitet hat, weiß: »Sie waren die Ärztinnen des Volkes, die ihre Rezepte überlieferten. Die Frauen vertrauten ihnen ihre Geheimnisse an, suchten sie auf, wenn es mit der Empfängnis nicht klappte oder wenn ungewollte Schwangerschaften auftraten. ... Paracelsus sagte: ›Alles, was ich über die Heilkunde weiß, habe ich von den Hexen.‹« Diese besonders kundigen Frauen kannten sich aus mit Frauenheilkunde und Geburtshilfe, mit Verhütung oder »Liebesmagie« – wie den berühmten aphrodisierenden »Flugsalben«. Sie verfügten über ein Wissen, das Männern unheimlich war. Lebten sie dann auch noch allein und blieben unabhängig, war das ein weiterer Grund für Misstrauen.

Wenn Anteilnahme und Hilfe zur Gefahr für das eigene Leben werden

Auch Blanca Bardiera wird verdächtigt, eine Hexe zu sein. Ihre Geschichte ist nicht so spektakulär wie die jener, die unter schwerer Folter zu den fantastischsten Geständnissen gebracht und auf brutale Weise hingerichtet wurden. Dem kann sie letztlich entgehen. Aber sie ist eine Frau, von denen es viele gibt, zu allen Zeiten. Sie handelt und hilft. Und deshalb erzählen wir hier ihre Geschichte, stellvertretend für alle Hexen.

In der Zeit der Hexenverfolgung kann Hilfsbereitschaft, dieser Akt der Nachbarschaftshilfe, zum Verhängnis werden. Das Essen, das den Kranken vorbeigebracht wird. Der Rat, wenn das Vieh krank ist. Der

Tee für das Nachbarkind. All das kann zur Bedrohung werden für das eigene Leben. Dann nämlich, wenn der Kranke stirbt, das Vieh verendet, das Kind sich nicht erholt oder einfach nur irgendein Zwist entsteht. Dann werden Aktivitäten der Hilfsbereitschaft als sogenannter Schadenszauber ausgelegt. Gleichzeitig aber ist das Leben der Hexen, wie das Beispiel zeigt, paradoxerweise auch dann gefährdet, wenn die nachbarschaftliche Hilfe Erfolg zeigt, die therapeutische Unterstützung anschlägt. Frau Bertranas Schmerzen verschwinden. Genau das jedoch wird nun in der Anklage als Teil eines perfiden Plans von Blanca Bardiera gedeutet. Denn kaum hat die wärmende Suppe die Nachbarin gekräftigt und die Schmerzen genommen, kommen Zweifel auf, zumindest im späteren Rückblick der Zeugin vor Gericht: »Und dann dachte ich und glaubte, dass sie es nur auf teuflische Art und Weise machte, da sie mir den Schmerz schon vorher kommen ließ, und mit jenen Suppen ging er vorbei.« Plötzlich wird die Vorgeschichte in einem anderen Licht gesehen: »An dem Morgen, an dem wir zu dem genannten Feld gehen mussten, um das Unkraut zu entfernen, gingen die genannte Blanca und ich am Weg, ich ging vorne, und ich hatte die Vermutung, dass die genannte Blanca etwas mit ihren teuflischen Kräften in meinen Körper gab, denn plötzlich schmerzte mein ganzer Körper sehr, besonders das Herz, das mir vergiftet vorkam, obwohl es vorher sehr gut war.«

Die Suppe, sie ist nun nicht mehr Zeichen der Anteilnahme und Kraftspender, sondern Gift: »Und als das schlechtere Zeichen erschien mir jenes der Suppen als das andere, weil ich von dem anderen oft dachte, dass es den Leuten schlecht geht, aber das mit den Suppen nahm ich nicht als gutes Zeichen und von da an hat es mir niemals gefallen, sondern dass ich sie für eine Hexe hielt.«

Jede Reaktion der Angeklagten wird als Zeichen der Schuld gedeutet

Genau dieses Dilemma ist für die Hexenprozesse kennzeichnend: eine meist ausweglose Situation, in der jede Aktion, jede Reaktion der Angeklagten als Zeichen der Schuld gedeutet wird. Gesteht die Angeklagte, wird sie schuldig gesprochen. Gesteht sie nicht, wird sie weiter gefoltert und stirbt an den Folgen. Und nicht selten steht zu Beginn der Klage genau das, was wir auch im Fall von Blanca Bardiera sehen: Da gibt es jemanden in der Nachbarschaft, dem es nicht gut geht. Da gibt es eine Frau, die sich auszukennen scheint, die man fragt, ob sie etwas weiß. Denn Ärzte sind in dieser Zeit fern und teuer.

Dieser Ablauf wird auch im Fall von Blanca Bardiera in anderen Zeugenaussagen deutlich: So gibt sie, wie das Gerichtsprotokoll verrät, auch einem kleinen Mädchen, das immer wieder zu ihr kommt, von einer warmen Suppe. Eines Nachts wird das Kind krank, wacht schreiend auf, schläft jedoch wieder ein. Blanca Bardiera kommt am nächsten Tag zu Besuch, rührt ein wenig in der Glut des Feuers, geht dann wieder mit einem Gruß. Der Zustand des kleinen Mädchens jedoch verbessert sich in der nächsten Zeit nicht, es leidet unter starker Atemnot. Knapp zwei Wochen später beginnt es zu bluten und stirbt. Auch hier, da ist sich die verwaiste Mutter sicher, war es der Zauber, den Blanca Bardiera mit der Suppe und ihrem Besuch auf das Kind legte, der es tötete.

Gerade weil alltägliche Hilfsaktionen den Anlass für eine Denunziation bieten konnten, gerade weil darüber hinaus auch mündlich überliefertes, originäres Frauenwissen zur Gefahr werden konnte, weil es sich – nicht nur, aber auch – um selbstbestimmte, widerständige, bisweilen alleinstehende Frauen handelte, ist auch für uns heute nicht uninteressant zu betrachten, wie es zu diesen furchtbaren Hexenverfolgungen kam. Vielleicht sogar, um daraus zu lernen, wie wir helfen, handeln und heilen können und uns dabei möglicher Grenzen und Schwierigkeiten bewusst zu sein – und um die feministische Debatte differenziert führen zu können.

Sehr vereinfacht kann man, was die Hexenverfolgung angeht, fünf Faktoren ausmachen, die den Hass auf diese Frauen schüren und die Möglichkeit der juristischen Anklage ermöglichen:

Faktor 1: Da ist zunächst der Volksglaube im Hinblick auf Krankheit und Heilung. Man spricht hier medizinhistorisch auch vom »magischen Denken«. Wichtige Ereignisse, Geburt, Krankheit, Tod, aber auch Heilungen werden durch magische Kräfte erklärt. Heilerinnen und Heiler können gesund machen oder auch krank. Erst mit der Aufklärung im 18. Jahrhundert wird dies alles ins Abseits, in die Laienmedizin gedrängt.

Faktor 2: Die frühe Neuzeit, in der die Hexenverfolgung ihren Höhepunkt hat, ist von Krisen gebeutelt: Im 14. Jahrhundert wütet die Pest in Europa. Seit Anfang des 15. Jahrhunderts führt die »Kleine Eiszeit« zu Missernten, Armut und Hunger. Die Stimmung ist aufgeheizt. Das Volk sucht Schuldige.

Faktor 3: Die Hexenverfolgung wird ins Strafrecht aufgenommen. Bereits im Jahr 1437 macht Papst Eugen IV. mit einer Bulle zunächst auf eine bestimmte Sekte – die Sekte der zauberischen Teufelsanbeter – aufmerksam. Auf dem Baseler Konzil (1431–1449) werden Hexerei, Ketzerei und Zauberei als Verbrechen deklariert. Die Theologen werden aufgefordert, diesem »Werk des Teufels« ein Ende zu machen.

Faktor 4: Ein Einzelner, dessen Wirken von Frauenhass geprägt ist, tut sich bei der Bekämpfung des »Teufelswerks« hervor. Der Dominikanermönch Heinrich Kramer (1430–1505), der sich auch Institoris nennt, macht die Hexenverfolgung zu seiner Sache, wohl auch – wie man vermuten darf –, um seinem Orden und sich selbst ein neues Betätigungsfeld zu eröffnen und neue Einnahmequellen zu erschließen. Er kann Ablassgelder für die Hexenverfolgung erheben. Kramer formuliert eine Schrift, legt diese ›Hexenbulle‹ Papst Innozenz VIII. vor, der 1484 den Text unterzeichnet. Mit dieser Bulle wird nicht nur die Verfolgung der Hexen gutgeheißen. Die Gläubigen werden explizit aufgefordert, die Inquisitoren zu unterstützen. In anderen Worten: Mit der ›Hexenbulle‹ werden die Hinrichtungen von Frauen in sogenannten Hexenprozessen abgesegnet. Bei der ›Hexenbulle‹ bleibt es nicht. Denn Kramer wird gedemütigt, zieht sich zurück. Und geht in den Frontalangriff: Nachdem sieben Frauen, die er in Südtirol angeklagt hat, freigesprochen werden und der Bischof ihn auffordert, sich aus der Diözese zurückzuziehen, kehrt er in sein Kloster zurück und schreibt dort 1486 den ›Hexenhammer‹, wörtlich ›malleus maleficarum – Hammer der Übeltäterinnen‹. Veröffentlicht wird der ›Hexenhammer‹ nicht nur gemeinsam mit der ›Hexenbulle‹, sondern auch mit einem nachträglich beigefügten Gutachten der angesehenen Theologischen Fakultät Köln von 1487 und einem wieder von Institoris entworfenen und von König Maximilian I. unterschriebenen Brief, in dem die Unterstützung der Inquisitoren gewährleistet und von den Bürgern gefordert wird. All diese Dokumente hat Kramer eingetrieben und bündelt sie in einer Schrift.

Faktor 5: Der Buchdruck. Fünfzig Jahre zuvor wäre der ›Hexenhammer‹ kaum bekannt geworden, wäre vom Aktivismus und von den Hasstiraden eines Einzelnen vermutlich wenig Wirkung ausgegangen. Doch 1450 war der Buchdruck erfunden worden. Durch ihn verbreitet sich der ›Hexenhammer‹ in einer Welt, in der es noch nicht viele Bücher gibt, rasant. 1486 erstmalig gedruckt, erscheinen bis 1669 neunundzwanzig Auflagen mit etwa 18.000 Exemplaren – er ist damit eine der am meisten gedruckten Schriften seiner Zeit.

Keine Chance, sich aus der Anklage zu befreien

Mit dem ›Hexenhammer‹ werden Hexen als Sinnbild des Bösen etabliert. Kramer beschreibt zudem, wie Hexen zu überführen seien. Dieses Vorgehen bietet keine Chance, sich aus der Anklage zu befreien. Alles wird als Schuld ausgelegt: Zeigt eine Frau im Gefängnis Furcht, so wird dies als Hinweis auf ihr schlechtes Gewissen gewertet, zeigt sie keine Furcht, als Hinweis auf eine vorgespielte Unschuld. So geht es weiter, Runde für Runde. Eine Kette von Grausamkeiten, in denen ein Glied dem nächsten folgt. Gestehen die Gefolterten, werden sie aufgrund ihrer Schuld hingerichtet, gestehen sie nicht, wird die Folter wiederholt. Regeln gibt es keine, bis auf diese vielleicht: Gefoltert wird, bis andere belastet werden.

Der Fall der Blanca Bardiera geht gut aus. Die Hexenprozesse in Spanien verlaufen weitaus milder als in Deutschland, für Blanca Bardiera gibt es einen Verteidiger und Zeugen, die für die Angeklagte aussagen. Eine von ihnen ist Beatriu Castellvi, die Frau eines Bauern. Sie halte die Angeklagte für eine gute Frau und für eine gute Christin. Oft habe sie auf ihre vielen Kinder aufgepasst, aber sie habe von keinem Übel gewusst, das ihr zugeschrieben worden sei. Blanca Bardiera wird unter Kaution freigelassen und kann aus Sant Feliu fliehen. Sie hat Glück.

»Und dann dachte ich und glaubte, dass sie es nur auf teuflische Art und Weise machte, da sie mir den Schmerz schon vorher kommen ließ, und mit jenen Suppen ging er vorbei.«

»MEIN BAUCH GEHÖRT MIR« –
Kristina Hänel kämpft für das Recht von
Frauen, selbst über ihren Körper zu bestimmen.

KRISTINA HÄNEL

Ärztin und
Kämpferin für Frauenrechte

»Ich bitte Sie, das Wort ›Babycaust‹ als Unwort des Jahres 2017 zu benennen.«

Unter diesem Begriff betreiben mehrere selbsternannte Lebensschützer eine Website. Dort prangern sie Praxen und Kliniken an, die Schwangerschaftsabbrüche legal durchführen, und stellen einen Zusammenhang mit den mörderischen Verbrechen des Holocaust her. Auch Kristina Hänel wird mit ihrer Praxis in Gießen als »Abtreiber« gelistet. Doch nicht allein deshalb schlägt sie »Babycaust« als Unwort vor; es geht ihr um mehr. »Mich macht die tägliche Würdeverletzung von Frauen zornig«, sagt sie. Zu sehen, dass Frauen, die abtreiben möchten, wollen oder müssen, diskriminiert werden, das empört sie. Der Satz des Musikers und Aktivisten Harry Belafonte, »If you're not angry, you're not willing to change«, trifft es auf den Punkt: »Die Wut, die ich spüre, wenn eine andere seelisch misshandelt wird, die ist mein Motor.«

Kristina Hänel wird 1956 in Kassel geboren, arbeitet heute als Allgemeinärztin, war lange Zeit im Rettungsdienst aktiv und unterstützt Kinder mit und ohne Handicap in der Reittherapie. Sie läuft Marathon, spielt Akkordeon und singt in einer Klezmergruppe. Sie ist Mutter von zwei Kindern und Großmutter von fünf Enkeln. All diese Aktivitäten und Rollen machen Hänel aus, doch für viele ist sie nur eines: die deutsche Abtreibungsärztin. Weil sie sich, angetrieben durch ihre Wut über Unrecht, Diskriminierung und Entwürdigung, für Veränderung einsetzt: »Die Situation, in der sich Frauen wiederfinden, wenn sie eine Schwangerschaft beenden wollen, muss verbessert werden!« Das sehen viele so und engagieren sich dafür, und das nicht erst seit kurzem – schon Hope Bridges Adams Lehmann, die 1880 als erste Frau das Medizinstudium in Leipzig abschloss, hat sich um eine Öffnung des damals gültigen Abtreibungsverbotes bemüht.

Sie wurde dafür 1914 angeklagt. Dass eine Frau sich für oder wider eine Schwangerschaft frei entscheiden kann, gehört zu den ältesten Forderungen von Frauenbewegung und Feministinnen. Demonstrationen unter dem Slogan »Mein Bauch gehört mir« Anfang der 1970er Jahre in der Bundesrepublik oder das berühmte Feature im Stern, initiiert 1971 von Alice Schwarzer, in der Prominente wie Senta Berger oder Romy Schneider bekannten, abgetrieben zu haben, trugen die Forderung in eine breite Öffentlichkeit. Bis heute ist die Debatte darüber ungelöst, wer entscheidet, ob eine Frau ihre Schwangerschaft fortsetzt oder nicht. Die gesetzliche Antwort auf diese Frage betrifft nicht nur die Frauen, die abtreiben wollen, sondern auch die Ärztinnen und Ärzte, die den Abbruch durchführen. Wie Kristina Hänel.

Die Bedeutung von Beistand in einer schwierigen Situation, Aufklärung und Begleitung

Eine Frau, die ihre Schwangerschaft beenden möchte, gerät dadurch fast immer in eine schwierige Situation, zusätzlich zum oft eigenen inneren Konflikt kommt ein äußerer. Das hat nicht nur mit der Gesellschaft zu tun, sondern auch mit der rechtlichen Grundlage. Eigentlich ist das deutsche Recht klar in Sachen Abtreibung: Sie ist strafbar. Durchgeführt werden kann sie aber trotzdem, geregelt durch § 218a: wenn die Schwangere den Abbruch verlangt, eine Bescheinigung vorlegen kann, dass sie sich mindestens drei Tage zuvor hat beraten lassen, wenn der Abbruch von einer Ärztin oder einem Arzt vorgenommen wird und seit der »Empfängnis nicht mehr als zwölf Wochen

vergangen sind«. So heißt es im Gesetzestext. Eine Gefahr für die gegenwärtigen und zukünftigen Lebensverhältnisse der Schwangeren soll ebenso abgewendet werden wie eine schwerwiegende Beeinträchtigung ihres körperlichen oder seelischen Gesundheitszustandes. Doch wie findet eine Frau, die abtreiben möchte, die notwendigen Informationen darüber? Wo bekommt sie den Beratungsschein her? Welche Praxis kann die Abtreibung durchführen? Wie wird das genau gemacht? Und was bedeutet das für die Einzelne gesundheitlich? Fragen, die der Frau dringend beantwortet werden müssen – und das in einem Wettlauf mit der Zeit: Zwölf Wochen nach der Empfängnis können schnell vergehen.

Auch hier ist das deutsche Recht klar: Keinesfalls darf eine Ärztin oder ein Arzt öffentlich damit werben, dass eine Abtreibung in ihrer oder seiner Praxis möglich ist. Das regelt § 219a, wo die »Werbung« mit einem »Vermögensvorteil« gleichgesetzt wird. Deshalb fordern Ärztinnen und Ärzte Frauen auf ihren Websites auf, sich per E-Mail an sie zu wenden, wenn sie Informationen über Schwangerschaftsabbrüche möchten. Erst dann erhalten sie die gewünschten Details als Antwort. Genauso hat auch Hänels Praxis das gehandhabt – bis in der Neufassung ihrer Website die E-Mail-Funktion mit einem herunterladbaren PDF-Dokument ersetzt wird. Dass die Informationen nun direkt zugänglich sind und nicht erst auf Anfrage verschickt werden, verstößt gegen § 219a.

Wie viele andere Ärztinnen und Ärzte, die Schwangerschaftsabbrüche durchführen, ist auch Kristina Hänel schon häufig angezeigt worden; die Verfahren wurden aber bislang eingestellt. Anders im Jahr 2017: Eine Vorladung führt zur Verurteilung durch das

Amtsgericht Gießen wegen des Verstoßes gegen § 219a. Hänel geht in Berufung, die das Landgericht Gießen im Oktober 2018 abweist. Eine hitzige, medial wie öffentlich geführte Diskussion entfacht darüber, ob es strafbar sein kann, »Werbung«, eher: Aufklärung, für Schwangerschaftsabbrüche zu ahnden. Das setzt auch die Bundesregierung unter Druck: § 219a wird im März 2019 geringfügig geändert; die bloße Mitteilung, dass Ärztinnen und Ärzte Schwangerschaftsabbrüche durchführen, ist jetzt erlaubt. Ende 2019 bestätigt das Landgericht Gießen Hänels Verurteilung, nachdem das Oberlandesgericht (OLG) Frankfurt die von ihr selbst eingelegte Revision gegen das ursprüngliche Urteil zurückgewiesen hat. Die erneute Verurteilung ist für Kristina Hänel ein Erfolg – weil sie inzwischen einen

größeren Plan verfolgt: Es geht ihr um eine grundlegende Änderung der Gesetzgebung. So hat sie nach der letzten Verurteilung wieder Revision erwirkt, welche im Januar 2021 vom OLG verworfen wurde: Rechtskräftig verurteilt wegen »Werbung für den Abbruch der Schwangerschaft« legt sie nun eine Verfassungsbeschwerde beim Bundesverfassungsgericht in Karlsruhe ein: Ist § 219a mit dem Grundgesetz vereinbar?

»Je mehr Vorbild, desto mehr hatte ich auch Angst vor Angriffen von außen«

Kristina Hänel ist durch ihre Arbeit als Ärztin ebenso wie durch ihren politischen Aktivismus in den letzten Jahren zu einem

Solidarität mit Kristina Hänel und Proteste überall für das Recht auf körperliche Selbstbestimmung

Vorbild geworden. »Das war neu für mich und nicht einfach. Je mehr Vorbild, desto mehr hatte ich auch Angst vor Angriffen von außerhalb. Andererseits schätze ich es, dass ich viele junge Mitarbeiterinnen und Mitarbeiter in meiner Praxis habe, die von mir lernen wollen.«

Kristina Hänel hatte in den vergangenen Jahren einen langen Atem im Kampf für Veränderung, und es liegen noch einige Schlachten vor ihr. Woher nimmt sie den Mut und die Energie weiterzumachen? »Ich habe mich da recht breit aufgestellt und finde Kraft durch meine Familie, meine Kinder und Enkelkinder, durch meinen Freundes- und Bekanntenkreis, durch die Musik und den Sport – und auch durch die Reittherapie, die ich für traumatisierte Kinder anbiete.« Auf den Reiterhof ist sie schon als Kind gegangen. Dort hat sie vor allem die Frauen bewundert, die anders waren, ihr als stark erschienen und selbstbewusst. Später ist ihr besonders die deutsche Ärztin Else Kienle (1900–1970) zum Vorbild geworden, die für ihren Widerstand gegen den § 218 bekannt wurde und deswegen 1931 kurzfristig auch im Gefängnis war.

Wem es leicht fällt zu helfen, der oder die hat nicht selten Probleme damit, sich selbst helfen zu lassen

Zu einer Gefängnisstrafe wurde Kristina Hänel bislang noch nicht verurteilt, doch zu einer Geldstrafe. Längst ist sie zur Galionsfigur im Kampf für das Recht auf Schwangerschaftsabbruch geworden. Begonnen hat sie als Beraterin bei Pro Familia, um »Abbrüche zu lernen«, wie sie in ihrem Buch ›Das Politi-

sche ist persönlich – Tagebuch einer Abtreibungsärztin‹ schreibt. Es geht Hänel auch um Gleichberechtigung – aber vor allem um den Schutz von Leben. Den sie sehr ernst nimmt – manchmal auch mit Unterstützung der Polizei. In ihrem Tagebuch berichtet sie von einer Frau, die von ihrem Partner unter Druck gesetzt wurde, abzutreiben, »und sie sagte mir, wenn sie den Abbruch macht, bringt sie sich hinterher um. Wenn sie ihn nicht macht, bringt er sie um.« Hänel kann und will beides nicht zulassen, weil sie ihren Beruf, »Leben zu erhalten«, eben ernst nimmt. In ihrem Dilemma ruft Hänel beim Gießener Amtsgericht an und dann bei der Polizei – sie darf ihre Schweigepflicht brechen bei einem geplanten Verbrechen. Der Mann wird vor Gericht gestellt und auf Bewährung verurteilt. Die Frau hatte den Abbruch trotzdem machen lassen, in einer anderen Praxis, nachdem er ihr gedroht hatte, dem Kind etwas anzutun, falls sie nicht abtreibt. »Sie war überrascht«, sagt Hänel, »dass ich mich so für ihr Leben einsetze.«

Anderen zu helfen, das ist ihr immer schon leicht gefallen. Und wem es leicht fällt zu helfen, der oder die hat nicht selten Probleme damit, sich selbst helfen zu lassen. Das kennt auch Kristina Hänel. Für sie ist das Schwierige dabei, die damit häufig assoziierte und tatsächlich verbundene Hierarchie: Ein stärkerer Mensch hilft einem schwächeren. Das zuzulassen, auch mal in der schwächeren Position zu sein, muss Hänel erst lernen: »Die politische Solidarität, die mir von vielen Seiten entgegenströmt, ebenso wie Geldspenden, die nicht nur für mich sind, sondern für ›die Sache‹, das kann ich inzwischen gut annehmen. Prinzipiell ist es aber nicht immer leicht zu unterscheiden, wer mir wirklich helfen möchte, wer nur eine Situation ausnützen will, in der ich schwächer bin oder wer seine eigenen Interessen, zum Beispiel parteipolitischer Natur, verfolgt.«

»Alternative Fakten« wird schließlich zum Unwort des Jahres 2017 und nicht das Wort »Babycaust«. Trotzdem ist Kristina Hänels Kampf bundesweit sichtbar geworden und geblieben, ihr Aufbegehren gegen Formulierungen in Gesetzestexten, gesellschaftliche Strukturen, die sich über das Recht der Frau am eigenen Körper stellen, damit über ihre Selbstbestimmung.

Überall war klar, dass Frauen in Not sind

Im Jahr der Corona-Pandemie beschleunigt und verbessert sich tatsächlich etwas: »Es ist so, als hätten wir bei Ministerien und anderen offiziellen Stellen offene Türen eingerannt. Überall war klar, dass Frauen in Not sind, und dass sofort gehandelt werden muss. Die Pflichtberatung wurde in einigen Bundesländern sehr schnell übers Telefon ermöglicht – wohl auch, weil befürchtet wurde, dass sonst diskutiert wird, die Beratung aufgrund der Pandemie vollkommen zu streichen. Ebenso die Möglichkeit, mit telemedizinischer Begleitung, also ohne Anwesenheit bei Arzt oder Ärztin, medikamentös abzutreiben, die wird jetzt immerhin diskutiert.«

Auch wenn sie nach wie vor einen Rückschlag befürchtet in der Abtreibungsdebatte, scheint es so, als würde Kristina Hänels politische Arbeit gerade in der Krise Früchte tragen. Und sie wird nicht aufhören, sich weiterhin für die Belange von Mädchen und Frauen einzusetzen.

»Die Wut, die ich spüre, wenn eine andere seelisch misshandelt wird, die ist mein Motor.«

Die Enttabuisierung des Sterbens und die Begleitung auf der letzten Etappe des Lebens sind die Themen von Elisabeth Kübler-Ross.

ELISABETH KÜBLER-ROSS

Amerikanisch-schweizerische Psychiaterin und Sterbeforscherin

»Wie ist es, dem Tod ins Auge zu sehen?« Das möchte Dr. Elisabeth Kübler-Ross wissen, sie möchte erfahren, wie es ist, sterbenskrank zu sein. Sie befragt Sterbende über ihre Gefühle, ihre Ängste, möchte wissen, was der Tod für sie bedeutet, offiziell, im Hörsaal, vor anwesenden Studierenden. Dieses Vorgehen jedoch irritiert die ärztlichen Kolleginnen und Kollegen und wird zunächst abgelehnt. Den Tod scheint es nicht zu geben. Er wird, so Elisabeth Kübler-Ross, verneint – »... in einem 600 Betten-Krankenhaus« –, wundert sie sich.

Die Enttabuisierung des Sterbens und die Begleitung auf der letzten Etappe des Lebens sind die Themen von Elisabeth Kübler-Ross. Sie wird die wohl bekannteste Sterbeforscherin der Welt und schreibt später: »Ich habe stets behauptet, dass die Sterbenden meine besten Lehrer waren, aber es brauchte Mut, ihnen zuzuhören.« Diesen Mut hat Elisabeth Kübler-Ross vielleicht auch durch eine außergewöhnliche Kindheit – als eines von drei Drillingsmädchen. Am 8. Juli 1926 berichtet Ernst Kübler am Telefon seiner Mutter, Elisabeths Großmutter, ein Töchterlein habe das Licht der Welt erblickt. Wieder zurück im Kreißsaal, erwartet ihn eine Überraschung: Ein weiteres Mädchen wurde in seiner Abwesenheit geboren. Erneut eilt er zum Telefon – unerwartet sei er Vater von Zwillingen – um schließlich festzustellen, dass offenbar ein drittes Telefonat mit der Mutter notwendig ist: Aus dem Duo ist ein Trio geworden. Die Kinder sind klein, Elisabeth wiegt gerade einmal zwei Pfund. Die Überlebenschancen sind gering. Aber die Mädchen erholen sich, alle drei.

Elisabeths erste Erinnerung ist die, von ihrem Vater zweimal hintereinander gebadet worden zu sein. Sie sieht ihrer Schwester Erika derart ähnlich, dass beide Mädchen bis weit in die Schulzeit verwechselt werden. Die Ähnlichkeit wird durch eine äußerliche Uniformität noch unterstützt, ja geradezu inszeniert: Immer werden »die Drillinge« – selten ruft man die Mädchen bei ihren Vornamen – gleich angezogen, frisiert, zurechtgemacht. Das Besondere der drei Mädchen gefällt auch anderen: Zu dritt sieht man sie lachend von Schweizer Plakatwänden, zu dritt posieren sie für Palmolive und Ovomaltine.

»Elisabeth ist zwar noch jung, aber, verdammt noch mal, sie ist so zäh wie ich«

Die Kindheitsjahre sind ruhig. Die Eltern Kübler darf man sich als typische Deutschschweizer vorstellen: Mutter Kübler hält Haus und Garten im Bauerndorf Meilen bei Zürich vorbildlich in Ordnung. Vater Kübler, Prokurist in einer Bürofirma, wird als zuverlässig, klar, streng, gesellig und humorvoll beschrieben. Er ist der unumstrittene Patriarch der Familie.

Als Europa im Zweiten Weltkrieg versinkt, ist davon in dem kleinen Schweizer Dorf nicht viel zu spüren. Elisabeth engagiert sich sozial, würde aber auch gerne aktiv Kriegsopfern helfen. Und sie möchte Ärztin werden, helfen, wirken und forschen. Vater Kübler jedoch hat für Elisabeth eine berufliche Zukunft ganz anderer Art ins Auge gefasst: Nach der mittleren Reife soll sie in seinem Betrieb als Sekretärin und Buchhalterin ausgebildet werden. »Lieber will ich ein Dienstmädchen sein als in dein Geschäft gehen!«, protestiert Elisabeth Kübler. Der Kompromiss: eine Au-Pair-Stelle im französisch sprechenden Teil der Schweiz. Nach ihrer Rückkehr fragt der Vater wieder, ob sie nun ins Geschäft komme, wieder lehnt sie ab. Sie bewirbt sich um eine Ausbildungsstelle als Laborantin in einem großen städtischen Hospital in Zürich, arbeitet zunächst dort und später in einer Augenklinik.

Auf der Berghütte ihres Vaters lernt sie im Januar 1945 Mitglieder des Internationalen Friedensdienstes kennen. Diese Begegnung mit Menschen, die aktive Aufbauarbeit in Kriegsgebieten leisten, berührt sie zutiefst. Sie bewirbt sich beim Friedensdienst, nimmt die erste Chance wahr, an der französischen Grenze in einem Friedenscamp für die nächsten Wochen die fünfzigköpfige Hilfstruppe zu bekochen. Die Ruhe der Menschen, ihre Gelassenheit, ihr Vertrauen in die Möglichkeiten der freiwilligen Helferinnen und Helfer imponieren Elisabeth Kübler. Weitere Einsätze folgen: in Belgien, Schweden, schließlich in Polen, wo sie bei der medizinischen Versorgung der Bevölkerung mithilft. Im Konzentrationslager Majdanek sieht sie in den Baracken unzählige in die Holzwände eingeritzte Schmetterlinge, Initialen derer, die hier dem Tod ausgeliefert waren. Diese Schmetterlinge werden in ihren späten Schriften immer wieder das Symbol für ein Leben nach dem Tod darstellen.

Gegen den Willen der besorgten Eltern arbeitet sie weiterhin in Friedenscamps, in Prag und Warschau. Die Eltern brechen den Kontakt ab, Elisabeth findet nach ihrer Rückkehr die elterliche Wohnung für sie verschlossen vor. So mietet die inzwischen Dreiundzwanzigjährige gemeinsam mit einer Freundin eine kleine Wohnung an und beginnt, sich auf die Matura, das Schweizer Abitur, vorzubereiten. Nebenher arbeitet sie in einer Augenklinik. Ein gutes Jahr später besteht sie die Prüfungen und hinterlässt eine Nachricht über das gute Ergebnis im elterlichen Briefkasten. Als der Vater die Mitteilung liest, ruft er laut aus: »Elisabeth ist zwar noch jung, aber, verdammt noch mal, sie ist so zäh wie ich.« Der Bann wird aufgehoben.

Langsam nähert sich die junge Frau ihrem Berufsziel. Sie beginnt, in Zürich Medizin zu studieren, finanziert das Studium mithilfe der Arbeit in der Augenklinik selbst, arbeitet an den Nachmittagen, Abenden und Wochenenden. Im Seziersaal lernt sie den Amerikaner Emanuel Ross kennen, ihren späteren Mann. Ein Jahr vor Elisabeths Examen äußert Emanuel, der mittlerweile einen festen Platz auch im Haus der Eltern Kübler hat, den Wunsch, mit ihr zurück nach Amerika zu gehen. Zunächst will Elisabeth von dieser Perspektive gar nichts wissen. Einem Mann in seine Heimat folgen, eine Familie aufbauen? Nein, sie will doch arbeiten, sie will wirken und forschen, am besten in einem karitativen Projekt in Indien.

Im Herbst 1957 ist das Studium beendet, das Examen bestanden. Elisabeth Kübler hat ihren Berufswunsch aus ihren Kindertagen realisiert: Sie ist Ärztin. Das avisierte Projekt in Indien findet doch nicht statt und sie entscheidet sich, Emanuel in die Vereinigten Staaten zu begleiten.

Im Frühsommer des Jahres 1958 heiraten Emanuel Ross und Elisabeth Kübler und setzen bald darauf mit einem Liniendampfer nach New York über. Ein neuer Lebensabschnitt beginnt. Die folgenden Jahre, nicht ganz einfach für Elisabeth, sind von Umzügen innerhalb New Yorks, Bewerbungen, Absagen, Wechsel der Arbeitsstellen geprägt. Sie ist in der Psychiatrie tätig. Nicht immer ist sie mit den gängigen Behandlungsmethoden konform, es kommt zu Auseinandersetzungen innerhalb der Klinik. Der Sohn Kenneth wird geboren. Nur einige Wochen nach der Niederkunft nimmt sie, auch dank Ein-

stellung eines Kindermädchens, ihre Arbeit wieder auf, diesmal in einem Krankenhaus für psychisch gestörte Kinder in der Bronx.

»Wie fühlt man sich, wenn man sechzehn ist und nur noch ein paar Wochen zu leben hat«

Nachdem Elisabeth und Emanuel ihre Facharztausbildungen abgeschlossen haben – sie in Psychiatrie, er in Neuropathologie –, bietet sich ein doppeltes Stellenangebot für beide in Denver, Colorado. Und wieder zieht die Familie Kübler-Ross um, diesmal samt Kindermädchen. Schon bald arbeitet Elisabeth Kübler-Ross als Assistentin eines Professors für psychosomatische Medizin. Dieser bittet sie, an seiner Stelle einen Vortrag vor Medizinstudierenden zu halten. Sie wählt das Thema »Tod«. Beruflich beschäftigt sie die Hilflosigkeit der Ärzteschaft in der Begleitung Sterbender – hautnah hat sie den Tod ihres Schwagers und ihres Vaters miterlebt. In der Vorbereitung auf den zweistündigen Vortrag beschließt Elisabeth Kübler-Ross, dass sie für die Veranstaltung einen Menschen zum Gespräch einladen möchte, der unheilbar erkrankt ist und dem Sterben entgegensieht. Die sechzehnjährige Leukämie-Patientin Linda erklärt sich dazu bereit. Selbst spricht sie die Fragen an, die sie beschäftigen: »Wie fühlt man sich, wenn man sechzehn ist und nur noch ein paar Wochen zu leben hat? Wie fühlt man sich, wenn man nicht mehr in der Lage ist, vom Schulball zu träumen? Oder zu einer Verabredung zu gehen? Oder sich Gedanken zu machen über das Erwachsenwerden und die Berufswahl? Oder einen Mann? Was hilft dir dabei, den Tag zu überstehen?

Warum wollen die Menschen mir nicht die Wahrheit sagen?« Die Vorlesung, insbesondere das Auftreten der jungen Linda, bewegt und erschüttert die Studierenden.

Tochter Barbara kommt auf die Welt. Wie bei Kenneth entscheidet sich Elisabeth Kübler-Ross, relativ bald nach der Geburt wieder mit der Arbeit zu beginnen, auf einer psychiatrischen Station. Die Familie zieht nach Chicago. Einige Monate nach Beginn ihrer Tätigkeit wenden sich vier Theologiestudenten an sie mit der Bitte, mehr über die psychologischen Aspekte des Sterbens zu erfahren. Elisabeth nimmt ihren Faden wieder auf und spricht in der Universität einmal in der Woche öffentlich mit Sterbenden über ihre Gedanken und Empfindungen. Eine Glasscheibe, die nur von der Seite des Auditoriums eingesehen werden kann, trennt sie und ihre Gesprächspartner von Zuschauenden, um eine etwas intimere Atmosphäre zu schaffen. Diese wöchentlichen »Interviews mit Sterbenden« werden mit der Zeit zu einem Politikum der Universitätsklinik. Der Hörsaal ist bis auf den letzten Platz gefüllt, die Studierenden sind von den Offenbarungen der Kranken tief bewegt. Die Vertreterinnen und Vertreter der medizinischen Fakultät missbilligen jedoch die Gespräche, nehmen sie als voyeuristisch wahr und weigern sich, Patientinnen oder Patienten zu den Interviews gehen zu lassen.

Elisabeth Kübler-Ross ist sich trotz aller Widerstände ihrer Sache sicher. Sie hat in den Sterbenden ihre Lehrerinnen und Lehrer gefunden, ihre Aufgabe, ihre Erfüllung. Denn die Sterbenden sprechen nicht nur über das, was sie gerade empfinden, sondern blicken auch zurück auf ihr Leben, erzählen, was für sie wichtig ist: »Die Gespräche über den Tod und das Sterben, so stellten wir fest, hatten uns gelehrt, dass die wahren Fragen, welche die Sterbenden stellten, nicht den Tod, sondern das Leben betrafen. Sie wünschten sich Ehrlichkeit, Abgeschlossenheit und Frieden. Das zeigte uns deutlich, dass die Art und Weise, wie ein Mensch starb, davon abhing, wie er gelebt hatte.«

Als am 21. November 1969 ein Interview mit der zweiundzwanzigjährigen Leukämie-Patientin Eva in dem amerikanischen Magazin Life abgedruckt wird, ändert sich Elisabeths Leben über Nacht. Sie wird zu einer Berühmtheit, macht Schlagzeilen als Vorreiterin auf dem Gebiet der Sterbebegleitung und Sterbeforschung.

Gründung der Hospizbewegung

Der Weg ist geebnet: Elisabeth Kübler-Ross widmet sich den Sterbenden, sie hält Vorträge, leitet Seminare, schreibt 24 Bücher in 41 Sprachen, erhält 20 Ehrendoktortitel, lehnt weitere Titel ab. Sie unterrichtet geschätzt 125.000 Studenten und Studentinnen zum Thema Tod und Sterben. Vor allem aber enttabuisiert sie das Thema, begründet die Hospizbewegung, Sterben passiert nicht mehr nur hinter verschlossenen Türen. Sie zeigt, dass Sterben unweigerlich zum Leben gehört. Und all jenen, die sich auf der Brücke zwischen Leben und Tod befinden, sollte man unbedingt zuhören. Nicht nur aus Respekt, Mitmenschlichkeit und Würde, sondern auch, um von ihnen zu lernen. Heute setzt die Elisabeth Kübler-Ross-Stiftung unter der Leitung von ihrem Sohn Ken Ross ihr Lebenswerk und ihr Engagement für einen offenen und mitfühlenden Umgang mit Schwerkranken und Sterbenden auf der ganzen Welt fort.

»Ich habe stets behauptet, dass die Sterbenden meine besten Lehrer waren, aber es brauchte Mut, ihnen zuzuhören.«

»Willst du Liebe erlangen, so musst du die Liebe lassen«; »wiltu liep haben, so muostu liep lassen«

MECHTHILD VON MAGDEBURG

Leben in der Gemeinschaft

»Ich bin mir nach dem, was mir bisher geschehen ist, gewiss, dass ich noch viele Becher mit Galle austrinken muss, denn leider hat der Teufel unter den Menschen geistlichen Standes noch sehr viele Schenken, die so voller Giftes sind, dass sie es nicht allein trinken können: Sie müssen es Gottes Kindern voller Bitterkeit ausschenken (II, 24).«

Ganz offensichtlich ärgert sich Mechthild von Magdeburg. Schon wieder muss sie sich gegen Angriffe von außen wehren. Denn sie hat in ihrem Werk nicht nur die Kirche kritisiert, sondern lebt zudem auch noch als Begine, als Frau unter Frauen. Diese Lebensform ist vielen ein Dorn im Auge, vor allem dann, wenn es um Rechte geht und um Geld.

Mechthild von Magdeburg, die bedeutende Mystikerin und Autorin, ist eine Frau, über deren Leben wir wenig wissen. Sie wird wahrscheinlich 1208 in der Nähe von Magdeburg geboren, vermutlich kommt sie aus adligem, gutem Hause, denn sie ist gebildet. Doch wendet sie sich vom höfischen Leben und vom Reichtum ab. Bereits als Zwölfjährige hat sie eine mystische Vision. Von 1230 bis 1272, also über vierzig Jahre, lebt sie als Begine (historisch korrekt: »Beghine«). Vermutlich angeregt durch ihren Beichtvater Heinrich von Halle, beginnt sie 1250 zu schreiben, insgesamt sind es sechs Bücher. Die Bücher eins bis fünf entstehen zwischen 1250 und 1259, das sechste Buch bis 1270. Ihre eigene Niederschrift ist nicht erhalten, nur die lateinische Version und eine später entstandene weitere deutsche. Mechthild von Magdeburg stirbt 1282 im Kloster Helfta. Sie wird als »Minnesängerin Gottes« beschrieben.

Auffällig an ihren Schriften, so der Theologe PD Dr. Karl Steinmetz, dem wir auch die wichtigsten Informationen zu diesem Text verdanken, ist Folgendes: Während andere Theologen, etwa Thomas von Aquin, aus dem Sündenfall die Inkarnation Jesu und damit die Erlösungsbedürftigkeit des Menschen ableiten – »Wäre der Mensch nicht gefallen, so hätte sich Gott nicht inkarniert« – ist dies für Mechthild von Magdeburg anders. Bei ihr ist die Inkarnation nicht die Folge von menschlichem Fehlverhalten, sondern leitet sich direkt aus dem Willen Gottes ab – ohne den »argumentativen Weg« über den Sündenfall zu nehmen. Mit dieser Begründung des Inkarnationswillens würdigt sie zugleich die Leiblichkeit auf eine besondere Weise: »Leiblichkeit ist innertrinitarisch intendiert und damit ein zentrales Thema der Spiritualität.« Dass die Leiblichkeit nicht als sündig bewertet wird, zeigt sich auch in der Sprache: Mechthilds Sprache erzählt von wechselseitigem Verlangen, von einem komplexen Liebesspiel zwischen Gott und Mensch, wie im Minnesang. Der Minne-Weg führt bei ihr nicht zu einem Schaden oder Verlust, sondern zur mystischen Hochzeit mit dem göttlichen Bräutigam – die Mechthild mit den Vokabeln einer geistlichen Erotik beschreibt. Eine dritte Besonderheit ist die Betonung des Lassens, also des Loslassens oder des Geschehen lassens – und zwar auch in der Theologie. Das wohl berühmteste Motto Mechthild von Magdeburgs: »Willst du Liebe erlangen, so musst du die Liebe lassen«; »wiltu liep haben, so muostu liep lassen.«

Gemeinschaft, wirtschaftliche Unabhängigkeit, Spiritualität und aktive Nächstenliebe

Wer waren die Beginen? Im 12. Jahrhundert organisieren sich zunächst in Brabant, einer Provinz der Niederlande, und in Lüttich im heutigen Belgien, Frauen, die nach einer neuen Lebensform suchen: Sie wollen nicht heiraten, aber auch nicht ins Kloster gehen. Sie sind spirituell und gebildet, suchen eine Gemeinschaft, Selbstbestimmung, Eigen-

kreativität, Prestige. Die Bewegung schlägt Wellen: Im 13. Jahrhundert werden in Köln, Straßburg, Basel, Trier, Mainz und vielen anderen Städten Beginenhöfe gegründet – in über sechshundert deutschen Städten stößt man auf Archivmaterialien über Beginen.

Die Beginen – bis heute ist unklar, woher dieses Wort kommt – lehnen die vorgefertigten Lebensformen ab, streben ein eigenes freies Modell an, das frauliche Spiritualität, aber auch wirtschaftliche Unabhängigkeit, Bildung und das Wirken in der Gesellschaft umfasst. Sie wollen, so Steinmetz, »eine vita mixta neu definieren«, eine selbstbestimmte Mischung aus Gemeinschaft, wirtschaftlicher Unabhängigkeit, Spiritualität und aktiver Nächstenliebe.

Beginen waren häufig sehr gebildet, haben die Bibel schon früh in Landessprachen übersetzt und sich darüber ausgetauscht.

Sie waren für die medizinische Versorgung der Bevölkerung von großer Bedeutung. Ihr umfangreiches empirisches Wissen über Erkrankungen, Heilmittel, Hygiene, gute Ernährung und Seelsorge war gefragt. Häufig waren diese Leistungen kostenlos, da sie genügend Einnahmen hatten durch Gebete und Fürbitten, für die sie bezahlt wurden.

Wie kann man sich das Konzept der Beginen aus heutiger Sicht vorstellen? Am Anfang steht oft eine kleine Keimzelle, eine Gruppe von zwei bis drei Frauen, die – vielleicht sogar im elterlichen Haus – Räume nutzen oder anmieten. Wächst die »Beginen-WG«, so werden, als nächste Institutionalisierungsstufe, ein oder zwei Häuser gekauft, man spricht jetzt von einem Beginenkonvent, oft handelt es sich um ein Mehrgenerationenprojekt. Bei weiterem Andrang dehnt die Gruppe sich weiter aus, kauft beispielsweise alle Häuser in einer Sackgasse an. An die Zufahrt kommt ein Tor – fertig ist der sogenannte Beginenhof.

Das selbstbestimmte Leben als Frau unter Frauen – eine Provokation

In diesen spirituellen Gemeinschaften gibt es eine Hausordnung, gibt es Statuten, selbst formulierte Regeln, deren Einhaltung erwartet wird. Die Beginenhöfe sind definitiv mehr als reine Frauen-WGs, gleichzeitig aber nicht mit klösterlichen Gemeinschaften zu verwechseln. Die Frauen hier legen kein Gelübde, wohl aber ein Beginenversprechen ab, leben jedoch nicht nach Ordensregeln. Formal organisiert sind sie wie ein Handwerk, wie eine Zunft – es gibt die Meisterin und die Gesellinnen. Produziert und gehandelt wird alles mögliche, von Pflanzentinkturen, Lebkuchen über Wachskerzen bis zu Kunstprodukten, Stickereien, Kleidung und anderen Tucharbeiten. Sie bieten professionelle Krankenpflege an, Sterbebegleitung, Totengedenken, Beratung – heute würde man von Coaching sprechen. Sie bauen Schulen auf, die Mädchen besuchen dürfen. Dennoch haben sie als christliche Organisation einen Sonderstatus und brauchen keine Steuern zu bezahlen. Es wundert nicht, dass die Zünfte und weitere Wirtschaftsbetriebe der Stadt dies nicht tolerieren: Ist es nicht genug Provokation, dass die Beginen sich autonom neben den bestehenden Strukturen organisieren, dass sie nicht in Klöster gehen, so ganz ohne Männer auskommen und »ihr eigenes Ding machen«? Dass sie neue, eigene Impulse in die Spiritualität einbringen? Man spricht hier übrigens von der »neuen Mystik«, zu deren Vertreterinnen eben auch Mechthild von Magdeburg gehört. Und dann haben sie auch noch Steuervorteile. Dies bringt das Fass zum Überlaufen.

Widerstand wird laut. Die Bischöfe sind kritisch, können sie doch die Beginen nicht verwalten und kontrollieren. Die Vertreter des Handwerks sind neidisch auf die Steuerfreiheit. Und die Männerwelt ist schlicht brüskiert von so viel Eigenmächtigkeit. So wird Druck aufgebaut: Die Beginen sollen sich in ein reguliertes Kloster verwandeln. Viele Beginenhöfe können diesem Druck nicht standhalten und ändern die Struktur oder gehen in Klöster. So auch Mechthild von Magdeburg, die im Alter von sechzig Jahren in ein Zisterzienserinnenkloster in Helfta eintritt. Viele Beginenhöfe werden geschlossen, einige können sich halten. In Flandern gibt es noch immer rund dreißig Beginenhöhe, dreizehn von ihnen wurden 1998 von der UNESCO zum Weltkulturerbe erhoben.

Und heute? Die Beginenbewegung existiert noch, sie erhält wieder mehr Zulauf, wird neu aufgebaut und gestaltet, liefert Inspirationen für das Zusammenwohnen und/oder Netzwerken von Frauen mit spiritueller Ausrichtung. »Nach historischem Vorbild der Beginen aus dem Mittelalter verbinden heute ›Moderne Beginen‹ den Wunsch nach einem eigenständigen Leben mit dem eines gemeinschaftlichen Miteinanders im Wohnen, teilweise auch im Arbeiten«, heißt es auf der Website des Dachverbandes. Hier ist auch zu lesen, dass sich die Beginen als »Beginen für die Zukunft« verstehen, sich sozial und politisch engagieren wollen. Das Bundesbeginentreffen stand zuletzt unter dem Thema: »Beginen für die Zukunft – was können wir tun für Klimaschutz und Klimagerechtigkeit«, mit einer Rednerin von Fridays for Future und anderen.

»Ein gegenseitiges und wechselseitiges Unterstützen auf Augenhöhe«

Die Corona-Situation hat gezeigt, dass wir Menschen Beziehungswesen sind und Begegnungen brauchen. Das wussten die Beginen schon immer. Und auch in der letzten schwierigen Zeit tragen sich die Beginen gegenseitig – über den Balkon hinweg, mit gegenseitigen Aufmerksamkeiten, per Telefon, Skype oder E-Mail – durch die Isolation: »Während des Corona-Lockdowns haben wir, wie die Italiener, auf den Balkonen gestanden und regelmäßig zusammen gesungen, wir haben uns vernetzt, uns kleine Impulse für mehr Achtsamkeit im Alltag zugeschickt. Wir hatten einige Hofkonzerte, weil wir einen Innenhof haben. Alle konnten von den Balkonen aus zuhören. Bei Bedarf haben wir für Einzelne mit eingekauft oder uns mit gekümmert. Wir haben füreinander gesorgt. Und das hat nichts mit ›Hilfe‹ von oben nach unten, von helfend zu hilfsbedürftig zu tun. Für uns ist das selbstverständlich – wir sprechen generell nicht gerne von ›Hilfe‹, sondern von ›care««, so Waltraud Pohlen aus dem Vorstandsteam des Dachverbandes, »wir verstehen darunter ein gegenseitiges und wechselseitiges Unterstützen auf Augenhöhe.«

Das Leben als Begine ist ein anderes. Man ist bezogen aufeinander, die Verbindung ist viel stärker. »Wenn es ein normales Mietshaus wäre, würde man anders miteinander umgehen. Wir aber fragen uns: Warum hat sich Martina so lange nicht gemeldet? Warum liegt da noch die Zeitung von Hanne? Ist alles in Ordnung? Im normalen Kontext hätte ich mich nur gewundert, aber das wäre es gewesen. Hier werden die Frauen aktiv. Es ist eine größere Aufmerksamkeit in die Nachbarschaft rein.« Und man hilft sich gegenseitig. Ressourcen werden angeboten und können leicht abgefragt werden. Das hat sich auch jetzt gezeigt, in der Corona-Zeit. Die Beginen treffen sich im Gemeinschaftsraum, mit Maske, Abstand und Lüften – »es geht ja nicht darum, sich tiefschürfend zu unterhalten, sondern einfach nur darum, in Kontakt zu sein und sich zu bestärken.«

Waltraud Pohlen hat in ihrer Wohnung die Geschäftsstelle des Dachverbandes untergebracht. Von hier aus schreibt sie regelmäßig Rundmails. »Das tue ich ja ohnehin. Im Lockdown dann habe ich mir vorgestellt, wie das für die Einzelbeginen ist, die nicht in der Gemeischaft leben, die gibt es ja auch. Das habe ich mir schrecklich vorgestellt, so alleine.« Kurzerhand hat sie begonnen, regelmäßige Impulse per E-Mail zu verschicken, mit kleinen Fragen, die die eigenen Ressourcen aktivieren. Diese Fragen – Wo hat dir Vanilleeis am besten geschmeckt? Wann war der Himmel am schönsten blau? Welches war deine lustigste Begegnung mit einem Tier? – erinnern an schöne biografische Erlebnisse. »Ich habe es mir schön vorgestellt, mit solchen Fragen im Kopf herumzulaufen. Vielleicht ist dann Corona nicht mehr ganz so gruselig.« Es ging darum, geistige Kraft zu schöpfen aus der eigenen Biografie – die eben keine andere so gut kennt.

Die Beginen, sie vertrauen auf die Kraft der Gruppe, darauf, dass man im gemeinsamen Austausch Lösungen findet. Denn findet man im Gespräch mit anderen nicht oft viel bessere Ideen als im stillen Kämmerlein?

»Es geht ja nicht darum,
sich tiefschürfend
zu unterhalten, sondern
einfach nur darum,
in Kontakt zu sein und
sich zu bestärken.«

»Menschliche Zuwendung und
Anwesenheit sind das Wertvollste,
was es gibt.«

Eva Pröscholdt-Graupner

EVA PRÖSCHOLDT-GRAUPNER

Ärztliche Leiterin einer Palliativstation und eines Palliativnetzwerkes

»Frau S. wurde vom Hausarzt wegen nicht mehr beherrschbarer Schmerzen auf die Palliativstation eingewiesen; sie war an Brustkrebs erkrankt. Bei der Ankunft litt sie unter starken Schmerzen, war verzweifelt, hatte große Angst, konnte nicht mehr schlafen; aufgrund häufigen Erbrechens hatte sie ihre Schmerzmedikamente nicht mehr nehmen können.« Die Ärztin Eva Pröscholdt-Graupner hat die Palliativstation am Freisinger Klinikum mit aufgebaut und 13 Jahre geleitet. Sie kennt die Angst und auch den Widerstand, den Patientinnen und Patienten bei der Aufnahme verspüren. Nachdem sie oft gehört haben, dass man nichts mehr für sie tun könne – »dieser Ausdruck sollte aus dem ärztlichen Vokabular gestrichen werden«, so Pröscholdt-Graupner –, glauben viele, eine palliativmedizinische Betreuung würde ein sofortiges Todesurteil bedeuten. Die meisten stellen aber bald fest, dass ihre Beschwerden gelindert werden und

schöpfen wieder Kraft und Mut. Sie können letzte Gespräche mit Angehörigen führen oder wichtige Dinge regeln.

Wie eine warme Decke legt sich die Palliativmedizin (das lateinische Wort »pallium« bedeutet »Mantel«, »Umhüllung«) um die Schultern von Schwerkranken, die in der letzten Lebensphase angekommen sind. Schmerz, Atemnot oder schlimme Angstzustände werden palliativ (im Gegensatz zu »kurativ«, wenn eine Krankheit heilbar ist) behandelt. Manche können dadurch stabilisiert wieder nach Hause oder in ein Hospiz verlegt werden.

Geboren 1952 in München, geht Eva auf das dortige Elsa-Brändström-Gymnasium. Helfen ist für sie schon früh selbstverständlich. Mit dreizehn sieht sie den Film ›Der große Regen‹, die Geschichte einer britischen Dame, die sich in Indien in einen Arzt verliebt: in einen Mann, der zum Festmahl zu spät kommt, weil er noch bei einer Geburt geholfen hat, und der dem bei der Tigerjagd verletzten Gatten der Dame das Leben rettet. Eva beschließt, selbst Ärztin zu werden. Nach dem Studium in München geht sie 1980 ans Freisinger Klinikum, wo sie fünfunddreißig Jahre lang bleiben wird. »Mein Chef war wirklich eine unglaublich gute Führungspersönlichkeit: Er hat mir alles ermöglicht, was ich wollte.« Sie beginnt in der Anästhesie und entdeckt auf diesem Wege ihr Interesse an der Schmerztherapie und schließlich an der Palliativmedizin. Die ist im Vergleich zu anderen medizinischen Fachgebieten noch recht jung. Ende der 1960er Jahre wurde das erste Hospiz in London von Cicely Saunders gegründet, die erste deutsche Palliativstation entstand 1983 in Köln. Jahre später soll auch im Freisinger Krankenhaus eine Palliativstation eingerichtet werden: Eva Pröscholdt-Graupner ist gerade fünfzig geworden und erkennt hier ihren weiteren beruflichen Weg. Dass sie keine dreißig mehr ist und einiges an Erfahrung vorweisen kann, ist ihr Vorteil. Sie übernimmt die medizinische Leitung und baut die Station im Team mit der pflegerischen Leitung auf. »Ich hatte noch erlebt, wie sterbende Patienten quasi ins Bad geschoben wurden, ausgelagert, weil der Tod ein Tabuthema war. Diese Abschottung wollten wir auflösen.«

Eine unglaublich angenehme Atmosphäre

In enger Zusammenarbeit mit dem Freisinger Hospizverein, in dem sie selbst auch aktiv ist, entsteht am Klinikum etwas Neues, das von Anfang an autark ist – und anders. »Wir wollten damals warmes Tageslicht haben, was es im Krankenhaus eigentlich nie gibt. Da haben wir die Wände gelb streichen lassen und spezielle Glühbirnen installiert. Du hast die Tür zur Station aufgemacht und warst in einer unglaublich angenehmen Atmosphäre, voll mit warmem Licht.« Es stehen zehn Betten in Einzelzimmern bereit, vor allem für Tumorpatienten, später werden auch ALS-Erkrankte und andere aufgenommen. Nicht nur das Licht ist anders auf der Palliativstation, auch der Umgang mit Zeit. »Ich bin zu einem Patienten gegangen und saß unter Umständen eine Stunde auf seinem Sofa, habe mit ihm gesprochen, über alles Mögliche.« Die Zeit, die sich Pröscholdt-Graupner und ihr Team für die Kranken nehmen, lässt Vertrauen wachsen und Angst schrumpfen. »Ich bin ganz klar eine Basis-Medizinerin«, sagt Eva Pröscholdt-Graupner. Wie die Ärztin Monika Hauser wollte sie nie in die Forschung gehen, »weil mich das nicht so interessiert«.

Im Dezember 2015 verlässt sie das Klinikum und geht in Rente. Doch der Ruhestand bringt keine Ruhe. Gemeinsam mit anderen ruft sie im Februar 2016 als medizinische Leitung die »Spezialisierte ambulante Palliativversorgung« (SAPV) im Freisinger Landkreis ins Leben, ein festes Team aus Ärztinnen und Pflegekräften, das sich in Ergänzung zu hausärztlichen Praxen und ambulanter Pflege um die Betreuung von Sterbenden kümmert. Angehörige können sich Tag und Nacht bei der SAPV über Medikamente und Anwendungen informieren, können Rat oder eine Schwester, einen Arzt holen. Vierundzwanzig Stunden an jedem Tag – der Tod wartet nicht immer darauf, dass ein Bett in einem Krankenhaus frei wird oder eine Praxis öffnet. »Die meisten Menschen möchten zuhause sterben. Durch die SAPV kommt die Palliativstation in ihre Wohnzimmer.«

Auch jemand wie Eva Pröscholdt-Graupner kann selbst Hilfe annehmen: Ohne ihren Mann Stefan Graupner, mit dem sie seit 1977 zusammen ist, hätte sie ihren Weg nicht gehen können. Nicht nur, dass sie mit ihm immer über alles sprechen kann; er bleibt auch nach der Geburt ihres gemeinsamen Sohns Oliver zuhause, sodass sie wieder auf ihre Station im Krankenhaus zurückkehren kann. Oliver ist heute, wie seine Mutter, Mediziner.

Das Leben würdevoll zu Ende leben

Eva Pröscholdt-Graupner ist eine Teamplayerin. Als Leitung einer Gruppe, einer Station, möchte sie zwar die Fäden in der Hand haben, setzt dabei aber immer auf Transparenz. »Es ist außerordentlich wichtig, dass man sich aufeinander einlässt« – und zwar auf persönlicher ebenso wie auf sachlicher, fachlicher Ebene. Das gilt auch für die Ehrenamtlichen, die sich über die Hospizbewegung engagieren.

Der Umgang mit Schmerz, der bevorstehende Tod eines Menschen, es sind die großen Themen, die Pröscholdt-Graupner zuerst als Anästhesistin auf der Intensivstation und später als Leiterin der Palliativstation begleiten. Darüber sprechen, sich austauschen, ist für sie essenziell – dass Menschen sich über Patientenverfügungen Gedanken machen, Bevollmächtigte einsetzen und mit ihnen die einzelnen Punkte von lebenserhaltenden Maßnahmen bis hin zu künstlicher Beatmung klären und auch eigene Wünsche äußern. Selbstverständlich kann man auch mit der Hausärztin, dem Hausarzt sprechen. Und: Eine Patientenverfügung bedeutet nicht eine automatische Entmündigung, wenn ein Mensch ins Krankenhaus kommt. »Ein verbreiteter Irrtum«, sagt Pröscholdt-Graupner, »denn eine Patientenverfügung tritt nur dann in Kraft, wenn ein Mensch selbst nicht mehr entscheidungsfähig ist, und dann entscheidet der Bevollmächtigte in dessen Sinne.«

In der Palliativcare, wie die Versorgung der Kranken bezeichnet wird, geht es nicht um Lebensverlängerung, sondern darum, ein Leben würdevoll zu Ende zu leben. Doch »Palliativmedizin ist keine Sterbehilfe«, betont Eva Pröscholdt-Graupner. Von den tausenden Patientinnen und Patienten, die sie in den vielen Jahren behandelt hat, kann sie sich nur an ganz wenige erinnern, die Unterstützung von einer Sterbehilfeorganisation wollten. Schnelle Entscheidungen müssen auf einer Palliativstation gefällt werden, zum Beispiel wenn eine Patientin an Atemnot leidet. »Ich habe davor keine Angst gehabt. Und das liegt natürlich auch an meiner Erfahrung, etwa aus der Anästhesie.« Wie in anderen medizinischen Bereichen kommt es in der Palliativmedizin auf die exakte Dosierung an. »Und auf genaue Beobachtung«, weiß Pröscholdt-Graupner. »Demenzkranke, die Schmerz nicht verbal äußern können, kommunizieren ihn aber trotzdem etwa über Körperhaltung, Mimik oder Körperspannung.«

Seit gut fünfzig Jahren gibt es die Palliativmedizin. Heute können Ärztinnen und Ärzte ebenso wie Pflegekräfte Zusatzausbildungen für die Arbeit in der Palliativcare absolvieren. Ob ehrenamtlich oder professionell, für Eva Pröscholdt-Graupner steht eines fest: »Menschliche Zuwendung und Anwesenheit sind das Wertvollste, was es gibt.« Und daran sollten wir uns alle jeden Tag erinnern.

»Für mich ist eine Geburt am schönsten, wenn die Frau ganz selbstbestimmt gebärt.«

Stephanie Rückbeil

*1965

STEPHANIE RÜCKBEIL

Gefährtin der Gebärenden und Vermittlerin von Hebammenwissen

»Wissen muss man weitergeben!« Stephanie Rückbeil ist seit vielen Jahren Hebammen-Lehrerin. Sie gibt seit Jahrhunderten überliefertes Frauenwissen weiter und unterzieht die moderne Medizin einer kritischen Prüfung. »Es geht dabei nicht nur um das, was man tun kann, sondern auch um das, was man lassen kann.«

Diese Position zu vertreten, in der Geburtshilfe von heute, im medizinischen Hochleistungssystem, im Austausch mit den ärztlichen Kolleginnen und Kollegen und in der Lehre – das erfordert Courage! »Die schönsten Erinnerungen habe ich an Geburten im Wasser: Das Wasser ist ein Medium, das die Helfenden von der Frau trennt. Dadurch macht die Hebamme gar nichts, sie ist einfach nur da.« Rückbeils Verständnis davon, bei einer Geburt zu »helfen« hat mehr mit »da sein« zu tun als mit »anpacken«. Sie aktiviert am liebsten das Vertrauen im Körper derjenigen, die gerade ein Kind zur Welt bringt.

Geboren 1965 in Heidelberg, überlegt Stephanie Rückbeil, nach dem Abitur zu studieren. Vielleicht Jura wie der Vater? Oder ihrem eigenen Traum folgen und Schauspielerin werden? Das Vorsprechen an verschiedenen Schauspielschulen läuft nicht gut. Also doch noch mal eine andere Richtung versuchen. Ihre Mutter ist Krankengymnastin, so macht Rückbeil im baden-württembergischen Sigmaringen ein Pflegepraktikum; im Rahmen dessen hospitiert sie auch im Kreißsaal. »Diese Notwendigkeit, dieses sofort und jetzt da sein müssen, aber nicht unbedingt helfen durch eine Handlung, sondern durch bloßes Da-Sein, das fand ich damals schon interessant«, erinnert sie sich.

Also Hebamme: Noch vor Beginn ihrer Ausbildung wird sie Mutter einer Tochter – ihren Mann Claus, Gründer und langjähriger Leiter der Jazzschule Berlin, kennt sie schon aus der Schulzeit. 1990 schließt Stephanie Rückbeil die Hebammenschule in Wuppertal ab und arbeitet als Hebamme. Ein Satz von Willibald Psychrembel, dem berühmten Arzt und Herausgeber des nach ihm benannten Standard-Nachschlagewerks vieler Mediziner, ist für sie bis heute wichtig: »Man muss sehr, sehr viel wissen, um nichts zu tun in der Geburtshilfe.« 1999 beginnt Rückbeil ihr Studium der Pflegepädagogik an der Humboldt-Universität in Berlin und unterrichtet nach ihrem Diplom-Abschluss seit 2009 an der Hebammenschule Neukölln. Die alteingesessene Institution, die 2017 den 100. Geburtstag feierte, war die größte preußische Hebammenlehranstalt. Vor hundert Jahren fanden noch fast alle Geburten zuhause statt, heute gebären nur etwa fünf Prozent der Frauen daheim. Mehr als 2.000 Hebammen sind seit der Gründung in dieser geschichtsträchtigen Einrichtung ausgebildet worden. »Schülerinnen, die vorher schon andere Berufe hatten, haben mir oft erzählt, dass ihnen der Sinn in ihrem vorherigen Job gefehlt hat. Dieses Problem hatte ich nie. Ich bin hineingewachsen ins Hebammensein – und es wurde zu meiner Passion.«

Ihr Fachwissen vermittelt Stephanie Rückbeil als Lehrerin im Unterricht wie im Kreißsaal und sie teilt auch ihre Vorstellung davon, wie ein Kind im besten Fall zur Welt kommt: »Für mich ist eine Geburt am schönsten, wenn die Frau ganz selbstbestimmt gebärt; der Vater ist im Vordergrund, und ich bin im Hintergrund. Ich stütze die junge Familie und könnte, wenn es sein muss, jederzeit beherzt eingreifen.« Frauen

können allein gebären, das weiß Stephanie Rückbeil aus jahrzehntelanger Erfahrung. Doch muss man sie eben auch gebären lassen: Streng getaktete Dienstpläne, die Gabe von medikamentösen Wehenbeschleunigern, Eingriffe in den Geburtsvorgang durch das ärztliche Personal – immer wieder berichten Frauen davon, dass sie ihr Kind ganz und gar nicht selbstbestimmt zur Welt bringen konnten. Dass ihnen im Gegenteil Entscheidungen im Namen der Pathologie abgenommen worden sind. Manche haben die Geburt sogar als Akt der Gewalt gegen sich selbst und das Baby empfunden. An dieser Stelle zwischen moderner Medizin und dem Krankenhaus als ökonomisch kalkuliertem Unternehmen auf der einen und historisch überliefertem Frauenwissen plus der individuellen Persönlichkeit der Gebärenden auf der anderen Seite steht die Hebamme mit ihrer Expertise und ihrer Erfahrung. Sie ist nicht nur Geburtshelferin, sondern oft auch Mittlerin zwischen zwei Welten – vor allem dann, wenn man wie Stephanie Rückbeil in einer renommierten Einrichtung Geburtshilfe lehrt und sich damit der Diskussion aussetzt.

Nicht alle Chefärzte denken pro Hebamme

Prinzipiell ist die Hebamme bei einer Entbindung nicht an die Weisungen der Gynäkologinnen und Gynäkologen auf der Geburtsstation gebunden; im Krankenhaus wird der behandelnde Arzt aber meistens gerufen, wenn die Geburt beginnt. »Es ist eine Grauzone«, sagt Rückbeil, »und viele Schwierigkeiten kommen daher, dass nicht alle Chefärzte pro Hebamme denken«. Die

Sonderstellung der Hebamme hat auch mit ihrer Ausbildung zu tun, die eben nicht im Rahmen eines Medizinstudiums, sondern an eigenen Schulen stattfindet – bis jetzt.

So einschneidend im 20. Jahrhundert die Professionalisierung der Hebammen und die Verlagerungen von Geburten in die Kliniken waren, so einschneidend sind die Veränderungen des Hebammenberufs, die in den nächsten Jahren anstehen: Im April 2020 hat Stephanie Rückbeils letzter Jahrgang an der Neuköllner Schule begonnen. Diese klassische Ausbildung läuft aus, wird akademisiert. Künftige Hebammen studieren im dualen System, in Berlin etwa an der Charité. Nur bis 2027 darf noch ausgebildet werden, danach endet der Betrieb der achtundfünfzig deutschen Hebammenschulen. »Du musst dann eben auch in den Hörsaal gehen«, hört Rückbeil jetzt immer häufiger – sie ist sich aber noch nicht sicher, ob das ihr Weg sein wird.

Dass durch den Aufbau des neuen Studiengangs die Position der Hebamme neu verortet wird, liegt auf der Hand. Was aber nicht bedeuten muss, dass sie durch die akademische Qualifikation mehr auf der Seite des Arztes, womöglich sogar ihm untergeordnet, gesehen werden soll. Für Rückbeil unterstützt die Hebamme eine Frau bei der Geburt, unabhängig von Ort und Zeit, und reagiert auf das Hier und Jetzt. Etwas, das auch viel Kraft erfordert.

Als junge Hebamme arbeitet Stephanie Rückbeil in einem Schweizer Krankenhaus. Zur Einleitung einer Geburt hängt der behandelnde Arzt eine Frau an den Wehentropf und kommt sechs Stunden später zurück. Der Muttermund ist geöffnet, das Kind aber noch nicht »bereit«, so erinnert sich Rückbeil. »Der Arzt drückte dann auf den Bauch der Frau, ein Handgriff, dessen Evidenz nicht nachgewiesen ist, weil er nichts bringt außer einem schrecklichen Gefühl von Passivität für die Frau.« Dieser starke Druck von außen plus die Aufforderung an die Frau, zu pressen, »das kommt mir heute wie eine enorme Gewaltausübung vor«, sagt Stephanie Rückbeil. »Damals wusste ich es einfach nicht besser, aber heute würde ich so etwas nicht mehr erlauben.«

Die Frauen sollen mehr in Ruhe gelassen werden

Die gesellschaftliche Anteilnahme an Geburten hat sich in den letzten Jahren verändert, Erfahrungen werden heute öffentlich geteilt. Medikamentenvergabe, Handgriffe, mit der »Pathologie« der Situation begründete Entscheidungen, an denen die Gebärenden selbst nicht beteiligt sind, all das wird diskutiert und auch kritisiert. Was kann eine Hebamme tun, um Übergriffe, gar Gewalt zu verhindern? Zwar habe die Hebamme großen Einfluss, sagt Stephanie Rückbeil, aber der Alltag lasse manch eine auch abstumpfen: Ein ungünstiger Personalschlüssel, die Abwicklung von schwierigen Fällen oder das Betriebsklima innerhalb einer Klinik – all das kann Spuren hinterlassen. Dann zieht sich vielleicht auch die engagierteste Hebamme zurück und blockt ab: Sie folgt dem Tenor eines Chefarztes, orientiert sich an dessen Weisungen und hält nicht dagegen. Was aber nicht so sein muss!

Derzeit kommt durchschnittlich jedes dritte Kind in Deutschland per Kaiserschnitt zur Welt, so das Statistische Bundesamt; in Europa zählt Deutschland zu den Ländern mit der höchsten Kaiserschnittrate. Ein Trend, der seit rund dreißig Jahren voranschreitet. Werden die Zahlen steigen, und wird es demnach keine Steißgeburten mehr geben? Weil bald auch niemand mehr weiß, was zu tun ist, wenn ein Kind mit den Füßen zuerst den Geburtskanal betritt? Ob Wunschkaiserschnitt oder Notoperation: »Hier ändert sich gerade etwas«, sagt Rückbeil, »anknüpfend an neue Leitlinien aus den USA soll die Anzahl der Kaiserschnitte auch bei uns reduziert werden. Und: Die Frauen sollen mehr in Ruhe gelassen werden.«

Die wichtige Beziehung zwischen Hebamme und Gebärender

Kritik an dem Druck, der auf vielen Frauen lastet aufgrund der vielen Pros und Kontras in Sachen Kaiserschnitt, übt der Deutsche Hebammenverband seit Jahren. Wenn man eine Schwangerschaft als Risikoerlebnis betrachtet, bekämen viele Frauen Angst und verlören das Vertrauen in ihre Körperkompetenz.

Kein Drängeln, kein Drücken auf den Bauch, kein Erzeugen von Angst. Als Stephanie Rückbeil nach der Ausbildung anfängt als Hebamme zu arbeiten, ist sie meistens jünger als die Schwangeren. Das hat sich im Laufe ihrer Karriere verändert: »Frau und Hebamme sein im Wandel der Zeit, das ist sehr interessant«, sagt sie.

Dazu gehört auch die Entscheidung, ob eine Hebamme im Schichtdienst eines Krankenhauses arbeitet, oder ob sie daneben selbstständig Geburten begleitet, also den formalen Status einer Beleg- oder einer Begleithebamme hat. Die Beziehung, die eine Hebamme mit einer Frau schon während deren Schwangerschaft aufbaut, ist bei der Geburt hilfreich. Dass die Hebamme dann, wenn es losgeht, auch »rufbereit« ist, also vierundzwanzig Stunden zur Verfügung steht am errechneten Tag der Geburt und ins Krankenhaus kommt, das muss vorher organisiert werden. Eine »Dienst-Beleghebamme« arbeitet zwar freiberuflich in einem Krankenhaus und darf in ihrer Schicht zwei Schwangere gleichzeitig betreuen – sie ist dann aber nicht rufbereit. Eine »Begleit-Hebamme« hingegen, die sich über einen Vertrag mit einem Krankenhaus in einen Kreißsaal »einmietet« und somit jenseits aller Dienstpläne eine Geburt komplett begleitet, darf nur eine Frau begleiten. Was durchaus Terminprobleme mit sich bringen kann!

Dass der Schichtdienst in der Klinik plus Rufbereitschaft jenseits der Schicht als freiberufliche Hebamme eigentlich unerträglich ist, versteht Stephanie Rückbeil erst, als sie an der Hebammenschule beginnt und erkennt, welche Strukturen sie braucht, um ihre eigenen Bedürfnisse nicht ganz aus den Augen zu verlieren – vorher lebte sie in tiefer Dauer-Erschöpfung. Ein Problem, das strukturell für den gesamten Pflegebereich gilt, das sagt auch Helle Dokken, Pflegedirektorin an der Göttinger Universitätsmedizin. Besonders jetzt, im Kontext der aktuellen Krise, ist der Protest dagegen noch einmal lauter geworden.

Die Veränderungen in der Zukunft, die Veränderungen durch die Corona-Krise – was bedeutet all dies für die Geburtshilfe? Die Einschränkungen waren für manch Schwangere belastend: Der Partner oder die Partnerin durfte erst spät in den Kreißsaal, strikte Besuchsverbote mussten eingehalten werden, es entstanden große Unsicherheiten aufgrund fehlender oder unzureichender Informationen – und doch haben sich auch positive Entwicklungen herauskristallisiert: Die telefonische Betreuung etwa im Wochenbett, als Videoanruf zum Beispiel, ist für Hebammen eine gute zusätzliche Option zum regelmäßigen Besuch, die auch von den Krankenkassen getragen wird.

Anwältin der Frauen und Kinder

Was ist für Stephanie Rückbeil das Leitbild der Hebamme? Was sind ihre originären Aufgaben? »Sie ist Anwältin der Frauen und Kinder schon vor der Geburt, kümmert sich von Anfang an um die Familienbildung und hilft bei Kinderwunsch, Schwangerschaft, Geburt und Wochenbett. Sie kümmert sich um das Normale, das Physiologische.« Die Verbindung zum eigenen Körper einzugehen, das Vertrauen in sich selbst auch bei einer großen Herausforderung wie einer Geburt nicht zu verlieren, und sich darauf zu verlassen, dass die Hebamme immer da sein wird – das an alle Beteiligten im Kreißsaal weiterzugeben, ist Stephanie Rückbeils Mission.

»Es geht nicht nur um das, was man tun kann, sondern auch um das, was man lassen kann.«

An Gottes hilf und Seegen
Geschickten Hand bewegen,
Jst all mein Juhn gelegen.

Als Autodidaktin zu Deutschlands bekanntester Hebamme im 17. Jahrhundert

Justine Siegemund

JUSTINE SIEGEMUND

Hebamme aus Leidenschaft

Justine Siegemund ist wütend. Was hat sie über sich ergehen lassen müssen! Unerträgliche Schmerzen. Unterleibskrämpfe. Vier Hebammen, die auf ihrem Bauch herumdrücken und über zwei lange Wochen versuchen, eine Geburt einzuleiten. Sie sind sich einig: Eine Niederkunft steht bevor.

Justine Siegemund ist gerade einundzwanzig, als sie diese Tortur überstehen muss. Erst als ihr Mann, der Rittmeister Siegemund, und ihre Schwiegermutter ein kundiges »Soldaten-Weib« ins Haus holen, kommt die erlösende Wendung. Diese Frau, die – so Justine – »mehr Grund und Verstand« hat als all die Hebammen zusammen, erkennt, dass es sich bei den starken Krämpfen nicht um Wehen handelt, sondern um eine Erkrankung der Gebärmutter. Justine bekommt Medikamente und wird wieder gesund. Doch dieses Erlebnis prägt sie nachhaltig, die erlittenen Schmerzen, die Fehleinschätzung der Hebammen. »Man holete

eine Wehe-Mutter nach der andern bis ar ihrer Viere waren, welche einstimmig mit der Ersten, das Kind stünde recht, (da doch kein Kind vorhanden), müste also nach ihrer Meynung in die 14.Tage gequälet und auf die Marter-Banck gehalten werden, und wäre mir ehe die Seele ausgetrieben, als ein Kind abgebracht«.

Justine kommt aus einem gebildeten Haus im niederschlesischen Rohnstock (heute Roztoka, Polen) bei Jauer; als Tochter eines Geistlichen kann sie lesen und schreiben. Ihre Erfahrung veranlasst die »Siegemundin«, sich intensiv mit Medizin zu beschäftigen. Sie liest alle Bücher, zu denen sie Zugang erhält, studiert die Anatomie des weiblichen Körpers, seine Funktionsweise, seine Krankheiten, setzt sich mit Fragen der Schwangerschaft und Geburtshilfe auseinander. Zunächst beabsichtigt sie keineswegs, selbst in der Geburtshilfe tätig zu werden. Mit der Zeit jedoch entsteht der

Wunsch, auch anderen Frauen zu helfen, ihr Wissen weiterzugeben.

Die vier Hebammen, die sie selbst fehldiagnostiziert und dadurch unnötigen Schmerzen und Risiken ausgesetzt haben, sind die ersten, die Justine aufklärt. Sie zeigt ihnen erklärende Abbildungen, liest aus den medizinischen Büchern vor. Von den Frauen wird dieser Unterricht dankbar angenommen und schnell spricht es sich herum, dass die Siegemundin über umfassendes theoretisches Wissen in der Geburtshilfe verfügt. Bald darauf, Justine Siegemund ist jetzt dreiundzwanzig Jahre alt und hat noch keinerlei praktische Erfahrung in der Geburtshilfe, da ruft eine der Hebammen sie bei einer schweren Niederkunft hinzu. Dank ihres Selbststudiums kann Justine beraten, die Hebamme übernimmt die praktischen Handgriffe. Die Entbindung geht gut aus.

Ihr umfassendes Wissen spricht sich schnell herum

Immer häufiger wird sie nun bei problematischen Schwangerschaften und Geburten um Unterstützung gebeten – und arbeitet sich so nach und nach auch in die Praxis ein, lernt die Hebammentätigkeit. In den folgenden zwölf Jahren wird Justine Siegemund in der näheren Umgebung von Jauer zu vielen Geburten gerufen, hilft hier vor allem Frauen aus der armen Bevölkerung, denen das Geld für eine Hebamme fehlt. Ihr Können spricht sich herum, ebenso, dass sie sich auch theoretisch mit der Geburtshilfe befasst hat. Auch wohlhabende Familien konsultieren sie. 1673 wird sie zu Luise von Anhalt-Dessau, der schwerkranken Witwe des Herzogs Christian von Liegnitz-Brieg-Wohlau ge-

rufen. Justine Siegemund diagnostiziert bei ihr ein Gewächs in der Gebärmutter, das sie mithilfe von in die Gebärmutter eingeführten Bandschlingen entfernen kann – eine Technik, die sie selbst entwickelt hat. Die Herzogin, die man schon todgeweiht glaubte, wird wieder gesund.

»Es soll, weil ich keine Kinder zur Welt gebohren, das seyn, was ich der Welt hinterlasse«

In Anerkennung dieser Leistung wird Justine Siegemund zur »Stadt-Wehmutter« von Liegnitz (heute Legnica), der nächstgrößeren Stadt, ernannt – obwohl die Hebammenordnung vorschreibt, dass nur Frauen für dieses Amt zugelassen werden dürfen, die bereits Mütter sind. Justines Ehe aber bleibt kinderlos. 1683 ruft der brandenburgische Kurfürst Friedrich Wilhelm, der sogenannte Große Kurfürst, Justine Siegemund als »Hof-Wehe-Mutter« an das Berliner Schloss. Von hier aus dringt ihr Ruf bis an andere europäische Fürstenhöfe, sodass sie auch ins Ausland bestellt wird.

Im Jahr 1689, nach dreißigjähriger Praxis, veröffentlicht Justine Siegemund das Buch ›Die Königlich Preußische und Chur-Brandenburgische Hof-Wehe-Mutter‹. Sie legt es der medizinischen Fakultät der Universität Frankfurt an der Oder zur Begutachtung vor und erhält daraufhin als Zeichen der akademischen Anerkennung die Approbation. Sie weiß, wovon wie spricht, hat sie doch im Laufe ihres Lebens 6.199 Kinder geholt, darunter zwanzig kleine Fürstinnen und Fürsten.

Sie selbst kann der Welt keine eigenen Kinder schenken, dafür aber ihr Buch. »Es

soll, weil ich keine Kinder zur Welt geboh-
ren, das seyn, was ich der Welt hinterlasse.«
Es ist das erste deutsche Lehrbuch für Hebammen und über Jahrhunderte das Stan-
dardwerk der Geburtshilfe. Auf dem Titel
steht »Ein höchst nöthiger Unterricht von
schweren und unrecht-stehenden Geburt-

hen. In einem Gespräch vorgestellet, wie
nehmlich, durch Göttlichen Beystand, eine
wohlunterrichtete Wehe-Mutter mit Verstand und geschickter Hand dergleichen verhüten, oder wanns Noth ist, das Kind wenden könne; Durch vieler Jahre Uebung selbst
erfahren und wahr befunden.«

Sie weiß, wovon sie spricht, hat sie doch im Laufe ihres Lebens 6.199 Kinder geholt.

HEI

LEN

»Ohne ihre Arbeit würde heute alles langsamer
gehen im Umgang mit dem Corona-Virus.
Ihre Forschung hat unser Verständnis des Virus
beschleunigt: Sie war eine Pionierin.«

June Almeida

JUNE ALMEIDA

Die Entdeckerin des Corona-Virus

»Das sind bloß schlechte Aufnahmen vom Grippevirus – das drucken wir nicht ab.« Die Bilder, die June Almeida mit dem Elektronenmikroskop von einem neuartigen Virus gemacht hat, werden von den Gutachtern eines Wissenschaftsmagazins Mitte der 1960er Jahre in England harsch abgelehnt. Die Existenz eines vermeintlichen Grippevirus, das ungewöhnlich aussieht, so als hätte es eine Krone auf, wird nicht nur infrage gestellt, sondern ignoriert.

Das Virus mit der Krone ist heute als Corona-Virus bekannt. Eine Abart davon ist der Erreger SARS-CoV-2, Auslöser der Erkrankung COVID-19 (die Bezeichnung ist eine Abkürzung aus dem Englischen, Corona Virus Disease 2019). Seit dem Frühjahr 2020 versetzt dieses Virus die globale Bevölkerung in einen Ausnahmezustand, seine Verbreitung ist von der Weltgesundheitsorganisation (WHO) zur Pandemie erklärt worden. Die Entdeckerin des Corona-Virus ist June Almeida, eine Frau, deren Erkenntnisse in der Virologie den meisten unbekannt sind.

Geboren 1930 in Glasgow als Tochter eines Busfahrers, verlässt June schon mit sechzehn die Schule – eine weitere Ausbildung kann sich ihre Familie trotz ihrer offensichtlichen Begabung nicht leisten. Sie fängt am Glasgow Royal Infirmary als Labortechnikerin an, untersucht krankhafte Gewebeveränderungen mit dem Mikroskop, später wechselt sie ins Londoner St Bartholomew's Hospital. 1954 heiratet sie Enrique Rosalio »Henry« Almeida, einen Künstler aus Venezuela. Ihre Tochter Joyce wird geboren, die Familie zieht nach Kanada. Dort beginnt June Almeida ihre Tätigkeit am Ontario Cancer Institut, sie arbeitet jetzt am Elektronenmikroskop, das eine bessere Auflösung hat als jedes andere Mikroskop, das sie bisher nutzen konnte. Bald entwickelt sie eine neue Methode bei der Analyse von Gewebeproben. Die darin zu untersuchenden Viren werden durch die Anbindung von Antikörpern markiert. Über die Negativkontrastierung, durch die organische Proben mit einem speziellen Kontrastmittel als helle Objekte sichtbar gemacht werden, gelingt es ihr, Viren nachzuweisen.

Das ›Corona-Virus‹ war geboren

Almeida wird ohne akademische Ausbildung zur renommierten Virus-Expertin. Sie arbeitet an mehreren bedeutsamen Veröffentlichungen über Viren, die sie erstmals sichtbar macht – darunter etwa das Rötel-Virus. Der Erreger, der die Röteln hervorruft, ist zwar längst bekannt, wurde aber noch nie »gesehen«.

Ihre Ehe geht in die Brüche, die Almeidas lassen sich scheiden, und June zieht wieder nach Europa, arbeitet ab 1964 in London an der St Thomas's Hospital Medical School für Professor Tony Waterson – im dazugehörigen Krankenhaus wird Premierminister Boris Johnson sechsundfünfzig Jahre später behandelt, ein Politiker, der die Krankheit COVID-19 solange als Lappalie herunterspielt, bis er selbst schwer daran erkrankt.

In den frühen 1960er Jahren entdeckt June Almeida in London dann das, was zunächst fälschlicherweise als schlechte Aufnahme eines Grippevirus abgetan wird. Als sie 1964 die Proben der Nasenspülung eines Schülers untersucht, erkennt sie es wieder: das Corona-Virus. Diesmal wird die Meldung über das Forschungsergebnis im British Medical Journal gedruckt, zwei Jahre später erscheinen die Fotos des Virus im Journal of General Virology. Auf den Namen »Corona-Virus« einigt sich Almeida mit Professor Waterson und Dr. David Tyrell. Er

hat um ihre Mitarbeit gebeten und ihr die Probe übergeben, in der sie das neue Virus findet. Tyrell veröffentlicht später ein Buch mit dem recht reißerischen Titel ›Cold Wars: The Fight Against the Common Cold‹ und schreibt darin auch über seine Zusammenarbeit mit June Almeida: »Sie versicherte uns, dass sie Virus-Partikel finden würde mit ihrer neuen, verbesserten Technik.« Er ist zwar skeptisch – aber auf ihren Mikroskop-Bildern ist das bislang unbekannte Virus mit einer Krone deutlich zu erkennen. »Wir fragten uns: Wie sollten wir es nennen?«, erinnert sich Tyrell. »Influenza-ähnlich kam uns zu vage vor. In einem Latein-Lexikon fanden wir dann die Übersetzung für das Wort ›Krone‹ – das ›Corona-Virus‹ war geboren.« »Resolut ohne dominierend zu sein«, beschreibt Hugh Pennington, heute emeritierter Professor für Bakteriologie, seine ehemalige Lehrerin June Almeida. Als Virus-Expertin unterrichtet sie viele angehende Virologinnen und Virologen, bringt ihnen ihre geniale Handhabung mit dem Elektronenmikroskop nahe. Sie ist beliebt, nicht nur wegen ihrer Kompetenz, sondern auch, weil ihr Unterricht unterhaltsam ist: »Sie hatte einen lebendigen und gelegentlich schelmischen Humor«, erinnern sich frühere Studierende.

»Ohne ihre Arbeit würde heute alles langsamer gehen«

1985 zieht sie sich aus der Forschung zurück, qualifiziert sich als Yogalehrerin und genießt die Zeit mit ihrem zweiten Ehemann Philip Gardner, auch ein Virologe im Ruhestand. In den späten 1980er Jahren erschüttert eine neue Krankheit die Weltbevölkerung: AIDS.

June Almeidas Expertise wird noch einmal gebraucht. Sie kehrt als Beraterin an die St. Thomas-Schule zurück und hilft, die ersten Aufnahmen des HI-Virus zu machen. »Ich habe nie bemerkt, dass ihr Frausein sie zurückhielt«, erinnert sich Professor Pennington. »Sie wurde in der Biologie nicht diskriminiert. Sie ging ihren eigenen Weg und reagierte energisch auf jede Kritik. Normalerweise hatte sie recht.«

Am 1. Dezember 2007 stirbt June Almeida in der südenglischen Küstenstadt Bexhill, nach ruhigen Jahren im Kreis ihrer Familie, als Großmutter zweier Enkeltöchter, um die sie sich viel gekümmert hat – und derentwegen sie sich auch neueste Kenntnisse über den Computer angeeignet hat. »Sie war unkonventionell und brillant«, sagt Hugh Pennington, der viel von der Virus-Expertin gelernt hat: »Ohne ihre Arbeit würde heute alles langsamer gehen im Umgang mit dem Corona-Virus. Ihre Forschung hat unser Verständnis des Virus beschleunigt: Sie war eine Pionierin.«

»Ich habe nie bemerkt, dass ihr Frausein sie zurückhielt.«

Für Hope Bridges Adams Lehmann war Gesundheit nie eine nur medizinische Frage, sondern immer untrennbar verbunden mit der sozialen Situation und der politischen Aufgabe.

HOPE BRIDGES ADAMS LEHMANN

Die Ärztin und Autorin für Frauen

Schluss damit! Ärzte sollten nicht länger so tun, als ob Frauen zu sensibel wären für die Medizin: »Krankheiten verhüten ist viel wichtiger und viel leichter als Krankheiten heilen, und außerdem ist die Verhütung eine Sache, für die nicht nur der Arzt, sondern jeder Einzelne selbst sorgen muss. Wenn Jeder dieser Aufgabe gewachsen wäre, statt wie jetzt in unglaublicher Unwissenheit über seinen Körper dahinzuleben, bliebe für den Arzt sehr wenig zu tun übrig.«

Das sind Sätze aus dem 1898 erschienenen, 747-seitigen Aufklärungsbuch ›Die Gesundheit im Haus. Ein ärztliches Hausbuch für die Frau.‹ Darin steht alles, was Frauen über sich, ihren Körper, die Gesundheit, Frauenkrankheiten und nicht zuletzt über Sexualität wissen wollen und sollten. Geschrieben hat es Hope Bridges Adams Lehmann, Deutschlands erste Absolventin eines Medizinstudiums. Und es ist bereits die Kurzversion ihres über tausend Seiten umfassenden, zweibändigen Frauenbuches aus dem Jahr 1896. Der erste Band liefert eine Einführung in die Medizin und Gesundheitslehre, der zweite Band behandelt das Geschlechtsleben und Frauenkrankheiten. Beide Bände werden allein im ersten Jahr sechsmal neu aufgelegt, 40.000 Exemplare werden verkauft. »Dieses Buch verdankt seine Entstehung einem Versuch, den ich vor zwei Jahren machte, Frauen über Bau und Functionirung ihres Körpers, sowie über das Wesen der Frauenkrankheiten aufzuklären. Es war ein großes Thema und statt eines in Aussicht genommenen Bändchens sind zwei dicke Bände ... erschienen«, schreibt Hope. Das Buch illustriert sie auch mit über hundert anatomischen Bildern und zahlreichen Zeichnungen von Krankheiten der Geschlechts- und Unterleibsorgane.

Ihre Bilder sind realistisch, so wie ihre Texte. Sie spricht offen und direkt, kommt ohne Umschweife auf den Punkt, zum Beispiel in sexuellen Fragen, wenn es um die geschlechtliche Erregung von Frauen geht – »selbst liebende und wissende Frauen werden, und zwar nicht selten, durch Mangel an Veständniß und Rücksicht seitens ihrer Männer um den Geschlechtsgenuß gebracht«. Zudem fordert sie von Frauen, für ihre Männer vollwertige Liebespartnerinnen zu werden. Es geht ihr nicht nur um ein inniges Verhältnis der Eheleute, sondern auch – ganz pragmatisch – darum, dass der Mann auf den Besuch von Prostituierten verzichtet und damit die Ansteckungsgefahr von Geschlechtskrankheiten vermieden werden kann.

Ein mühsamer Weg, der sich auszahlt

Ein weiteres, wichtiges Thema sind die Ursachen von Krankheiten. Denn immer wieder wird Hope Bridges Adams Lehmann gefragt: »Woher kommt das?« Ihre häufigste Antwort: Infektion, Unterernährung und Verletzung. Die Bekämpfung von Krankheiten ist für sie auch eine soziale und politische Frage. »Nachdem ich eine Reihe von Jahren in der Praxis gestanden hatte, lernte ich die Kranken, welche zu mir kamen, in drei Klassen einzuteilen. Die kleinste umfasste diejenigen, deren Leiden weder durch die Kranken selbst, noch durch ihre Umgebung, noch durch die öffentliche Gesundheitspflege hätten abgewendet werden können. Die größte umfasste diejenigen, deren Leiden durch unsere gesellschaftlichen Einrichtungen verschuldet werden, und gegen welche der Einzelne nichts vermag. Und die dritte, auch noch große, umfasste diejenigen, deren Leiden durch die Unwissenheit von Kranken und ihrer Angehörigen zu Stande kommen.«

Hope Bridges Adams Lehmann stammt ursprünglich aus England; sie wird 1855 in Halliford bei London geboren. Ihr Vater – Ingenieur, Erfinder und Autor politischer Texte – ist ein abenteuerlustiger, visionärer und fantasievoller Mann, der in den reformerischen Kreisen Englands verkehrt. Seine Tochter schickt er fünfzehnjährig auf das Londoner Bedford College, eine der besten Adressen für Frauenbildung zu dieser Zeit. Dort erhält sie Unterricht nicht nur in Sprachen – darunter Latein – und Literatur, sondern auch in Naturwissenschaften und Mathematik.

1872 stirbt ihr Vater, der für Hope in vielerlei Hinsicht ein wichtiges Vorbild gewesen war. Mit ihrer Mutter Ellen Adams zieht sie nach Abschluss des Colleges nach Dresden, dann nach Leipzig. Hier schreibt sich Hope 1876 als Gasthörerin für das Medizinstudium ein, was Frauen erstmals in Deutschland an der dortigen medizinischen Fakultät seit 1873 möglich ist. Bei jeder Lehrveranstaltung muss sie jedoch bei dem Professor um die Teilnahme bitten, jede Prüfung schreibt sie in dem Bewusstsein, dass das Ergebnis nicht offiziell gewertet wird. Über die bestandenen Prüfungen erhält sie schriftliche Nachweise, nicht mehr. Als ihr Antrag auf eine Promotion in Leipzig abgelehnt wird, geht Hope ins Ausland. In Bern promoviert sie 1880, hospitiert in Wien und London und legt dann 1881 in Dublin am Kings and Queens' College of Physicians in Ireland die Prüfung für die Zulassung als Ärztin in Großbritannien ab.

Es ist ein mühsamer Weg, den Hope Adams in ihrer akademischen Ausbildung geht – und doch zahlt er sich aus. Als 1903 Frauen in Bayern zum medizinischen Staatsexamen zugelassen werden, reicht sie fast fünfundzwanzig Jahre nach Abschluss ihres Studiums mit dem Antrag auf nachträgliche Anerkennung all ihre Unterlagen ein, erhält 1904 die Anerkennung ihres Staatsexamens und darf dann endlich ihren Doktortitel führen.

Was ihr selbst gut tut, wird auch anderen helfen

1882 heiratet sie ihren Kommilitonen Otto Walther. Sie ziehen nach Frankfurt am Main und eröffnen dort eine Gemeinschaftspraxis. Doch Hope bekommt keine offizielle Zulassung, so unterschreibt ihr Mann all ihre Rezepte und Bescheinigungen.

1884 und 1886 werden ihre beiden Kinder, Heinz und Mara, geboren. In diesen Frankfurter Jahren setzt sich Hope intensiv mit sozialistischen Ideen auseinander – auch Otto ist ein überzeugter und politisch aktiver Sozialdemokrat – und übersetzt in den folgenden Jahren August Bebels ›Die Frau und der Socialismus‹ ins Englische.

Als sie an Tuberkulose erkrankt, zieht die Familie 1887 in den Schwarzwald, wo sie durch Licht und frische Luft, gemäßigte Bewegung, Wanderungen und gesunde Kost zu neuen Kräften kommt. Was ihr selbst gut tut,

Gemälde von Fedor Vasilevich Shapev: »Country Doctor« / »Die Landärztin«, 1967

wird auch anderen helfen, so der Gedanke des Ehepaars: 1891 gründen sie eine Lungenheilstätte im Schwarzwald für die Behandlung von Tuberkulosekranken; das erfolgreiche Behandlungskonzept findet schon bald Nachahmer auch außerhalb Deutschlands. Das Sanatorium wird zugleich zum Treffpunkt führender Sozialdemokraten; Wilhelm Liebknecht, August Bebel und Clara Zetkin sind hier mehrfach zu Gast. Einer der Sozialdemokraten, Carl Lehmann, arbeitet in der Lungenheilstätte als Verwalter. Aus der Freundschaft zwischen Hope und dem zehn Jahre jüngeren Carl wird Liebe, eine Liebe, die für Hope das »Glück ihres ganzen Lebens« bedeutet. Sie lässt sich von Otto scheiden. 1896 heiraten Hope und Carl und ziehen

Ihre ärztliche Anleitung für Frauen erscheint 1898

mit den Kindern nach München, die in den Ferien ihren Vater besuchen – ein auch von Otto außerordentlich tolerantes Verhalten, ist doch Hope »schuldig geschieden« und hat ihr Recht auf die Kinder damit verwirkt. Carl Lehmann studiert nun ebenfalls Medizin, gemeinsam eröffnen sie eine Praxis, angegliedert an ihre Wohnung. Gemeinsam schreiben sie, wandern, fahren 1901 mit dem Fahrrad über die Alpen. Damals ein Novum für Frauen. Hope ist modern. Sie trägt Kniehosen, Gamaschen und Männerhut.

Im Jahr ihrer Hochzeit erscheint das zweibändige Frauenbuch, mit dem Hope Wissen vermitteln will. Wissen über Krankheiten, vor allem aber auch über die Prävention. In ihrem Nachwort schreibt sie: »Der Hauptfaden, der rote Faden, ist die Vermeidbarkeit der Krankheiten. ... Die Heilung ist die Sache des Arztes, die Verhütung ist die Sache eines Jeden.«

Nicht nur die allgemeine Verhütung von Krankheiten oder Unfällen ist ihr Thema. Sondern auch – ganz speziell – die Situation von Frauen, die nicht verhütet haben, die ungewollt schwanger werden. In die Praxis von Hope Bridges Adams Lehmann kommen viele ärmere Patientinnen, die durch die hohe Zahl von Geburten massiv geschwächt sind und nicht selten mitansehen müssen, wie die Neugeborenen sterben – ohne dass sie selbst etwas tun können. Viele gehen in ihrer Not zu »Engelmacherinnen«, um in Hinterzimmern mit oft verschmutztem Operationsbesteck Abtreibungen vornehmen zu lassen, die dann häufig tödlich enden. Diese Umstände und die damit verbundenen lebensbedrohlichen Risiken sind Hope unerträglich. Sie will dagegen etwas tun – und bietet selbst Schwangerschaftsabbrüche an, in einer Münchner Klinik, unter hygienisch einwandfreien Bedingungen. Sie entwickelt die Vision eines großen »Frauenheimes« mit über 400 Betten in drei separaten Gebäuden mit zahlreichen, damals völlig unüblichen Einzelzimmern für Gebärende, Kranke, Genesende, mit Hörsälen, und einem Gebäudeteil für die Genesungszeit mit Lesezimmer, Waschräumen, Speisezimmer. Im Grunde eine frühe Idee des Müttergenesungswerkes. Hope Bridges Adams Lehmann kann einen Förderkreis gewinnen, zu dem angesehene Bürger Münchens gehören.

Der Ausbruch des Ersten Weltkriegs, der Rückzug des Hebammenverbandes, vor allem aber eine 1914 eingereichte Klage einiger Hebammen wegen »Verbrechen wider das Leben« bereitet diesen Plänen jedoch ein Ende. Die Hebammen sind nicht gut auf Hope zu sprechen, da diese ihnen die Kompetenz – insbesondere bei problematischen Geburten – abspricht. Viele von ihnen sind nur mangelhaft geschult, denn die Hebammenausbildung beträgt lediglich sechs Monate. Den protestierenden Hebammen schließen sich reaktionäre Kreise in München an, bei ihnen stoßen die Schwangerschaftsabbrüche der Ärztin auf große Ablehnung. Offen tritt Hope Adams Bridges Lehmann bei der Vernehmung für die Freigabe des Schwangerschaftsabbruchs ein. Das Gerichtsverfahren, mit dem die Staatanwaltschaft ein Zeichen setzen will, zieht sich hin. Über siebzig Ärzte, Hebammen und Patientinnen werden vernommen; im August 1915 wird es eingestellt. Für eine Gesetzesüberschreitung findet sich kein Anhaltspunkt, da die Angeklagte in jedem Fall eine medizinische Indikation nachweisen kann. Es ist ein Sieg – doch Hope, gesundheitlich angeschlagen, fehlt es nunmehr an Kraft, ihren Plan vom Frauenheim umzusetzen.

Als der Erste Weltkrieg beginnt, reist sie – in enger Abstimmung mit der bayerischen Regierung – in einer Friedensmission nach England. Ein halbes Jahr später, im Januar 1915, kommt sie nach München zurück. Ihr Mann Carl ist seit November als Frontarzt in Valenciennes stationiert. Im April erleidet er eine Blutvergiftung. Sofort reist Hope Bridges Adams Lehmann zu ihm, kann den Geliebten jedoch nicht mehr retten. Innerlich zerbricht sie. Regelt ihre Angelegenheiten, verabschiedet sich von Familie und Freunden. Am 10. Oktober 1916 scheidet sie freiwillig aus dem Leben.

Es gibt wohl kaum eine Ärztin aus dieser Zeit, die fortschrittlicher, moderner und sozialer war als Hope Bridges Adams Lehmann. Für sie war Gesundheit nie eine nur medizinische Frage, sondern immer untrennbar verbunden mit der sozialen Situation und der politischen Aufgabe.

»Der Hauptfaden, der rote Faden, ist die Vermeidbarkeit der Krankheiten. ... Die Heilung ist die Sache des Arztes, die Verhütung ist die Sache eines Jeden.«

»Wir können alles besitzen und doch unglücklich sein, wenn wir nicht den Sinn unseres Lebens finden und den sich daraus ergebenden Auftrag erfüllen. Er kann tausend Gesichter haben, aber wir müssen diesem Ruf folgen. Wenn wir es nicht tun, verhungert unsere Seele.«

Veronica Carstens

VERONICA CARSTENS

Die bescheidene Stifterin

»... nachdem der Kinderwunsch für alle Zeit begraben worden war, dachte mein Mann während der Präsidialzeit immer wieder nach, wie unser Testament einmal aussehen sollte. Denn es bestand ja durchaus die Möglichkeit, dass wir auf den vielen erdumkreisenden Dienstreisen gemeinsam ums Leben kommen könnten. Es musste also eine Regelung getroffen werden. In der näheren und weiterer Verwandtschaft bestand keine Armut, weil alle mehr oder weniger ihr Auskommen hatten. So lag es nahe, dass wir einen caritativen Fond bilden könnten«, erinnert sich Veronica Carstens. Ihr Mann ist es auch, der auf den Gedanken kommt, eine Stiftung zu gründen, »die den Grundstein für eine wissenschaftliche Durchdringung der Naturheilkunde« bilden sollte. Sie ist begeistert. Im Stifterverband für die Deutsche Wissenschaft wird 1981 die Karl und Veronica Carstens-Stiftung gegründet.

Ein Blick zurück. Die junge Veronica Prior beginnt mit dem Medizinstudium, macht das Physikum. Wie damals üblich, bricht sie das Studium ab, als sie 1944 Karl Carstens heiratet. Beide möchten eine Familie gründen. Veronica sieht sich selbst als Hausfrau und Mutter, als Frau, die ihrem Mann den Rücken freihält, zumal er gleich nach Kriegsende seine politische Karriere beginnt. Diese Vorstellung jedoch mag sich nicht realisieren, vor allem, weil sich der Kinderwunsch auch in den nächsten Jahren nicht erfüllt. »Für mich begann eine schwierige Zeit. Aus meiner heutigen Sicht würde ich sagen: Ich verlor den Sinn meines Lebens.« Erst als Karl ihr vorschlägt, das Studium fortzusetzen, dafür zunächst den alten Lernstoff nachzuarbeiten und sich dann um einen Studienplatz zu bemühen – schließlich liegen die letzten Vorlesungen zwölf Jahre zurück – kann sie »alle vergangenen sorgenvollen und melancholischen Gedanken« vergessen. Veronica, mittlerweile siebenunddreißig Jahre alt, verpasst keine Vorlesung. Sie schließt ihr Studium ab, schreibt ihre Doktorarbeit, macht eine Facharztausbildung in Innerer Medizin. Die »first lady«, die nach außen so unprätentiös und bescheiden wirkt, ist emanzipiert: Sie arbeitet weiterhin als Ärztin, als ihr Mann zum Bundespräsidenten gewählt wird und auch während seiner gesamten Präsidialzeit von 1979 bis 1984: »Gerade von den politischen Freunden sahen es einige als selbstverständlich an, dass ich meinen Beruf an den Nagel hänge und nur noch das zum Teil umfangreiche für die Frau des Bundespräsidenten vorgesehene Programm erfüllen würde. Mein Mann hatte gottlob eine andere Sicht der Dinge. ... Er sagte mir: ›Du hast so viel investiert für deine Ausbildung und alle Zusatzkurse, dass ich nicht erwarten kann und darf, dass du diese schöne Lebensaufgabe wieder dran gibst. Ich werde versuchen, dich nur für die Pflichten zu beanspruchen, die unbedingt nötig sind. ... Sei unbesorgt wegen der Kritik, die du deshalb manchmal hören wirst. Solange wir beide zusammenhalten, wird keiner dich von diesem Plan abbringen können und du wirst sehen, es geht.‹« Und so war es. Eine Bedingung allerdings gibt es: keine neuen Patienten, denn möglicherweise würden sie sich Vorteile erhoffen vom direkten Kontakt zum Bundespräsidialpaar.

Das persönliche Interesse von Veronica Carstens gilt der Naturheilkunde und der Homöopathie. Beides kennt sie aus der Familie, vor allem von der Mutter. Doch die Zeiten sind schwierig, die Grabenkämpfe zwischen »Schulmedizin« und »Alternativmedizin« erbittert. Und so nimmt sie die Anregung ihres Mannes an, eine Stiftung zu gründen und dieser im Testament das Vermögen zu vererben. Damit scheint alles geregelt für die Zeit nach ihrem Ableben.

Doch es kommt anders. Ganz anders: »Bei den vielen Interviews, die auch von der Frau des jeweiligen Bundespräsiden-

ten erwartet werden, führte das Gespräch ganz zwangsläufig auch in die medizinische Richtung und ich erwähnte hier und dort, dass wir durch unseren Nachlass die wissenschaftliche Durchdringung der Naturheilkunde anregen wollten, d. h. nach unserem Tode. Die Folge war zu unserer großen Überraschung eine wahre Flut von Briefen, die alle dasselbe ausdrücken wollten: ›Gottlob, dass diese dringende Notwendigkeit endlich einmal angefasst wird. Wir gratulieren Ihnen und wollen Ihnen helfen.‹«

Bis heute hat die Stiftung mehr als 38 Millionen Euro bereitgestellt

1983 wird dafür die Fördergemeinschaft Natur und Medizin e.V. gegründet, die zum einen das Stiftungsvolumen in eine andere Größenordnung katapultiert und sich zudem nach und nach in Deutschland zu einem wichtigen Ansprechpartner für ratsuchende Patientinnen und Patienten im Hinblick auf Komplementärmedizin entwickelt.

Nie hätte Veronica Carstens geahnt, was aus der Stiftung werden soll: die größte Einrichtung der Forschungsförderung im Bereich Naturheilkunde und Komplementärmedizin in Europa. Als dies deutlich wird, nimmt sie die Herausforderung an und nutzt – obwohl sie sich im Rampenlicht nie wirklich wohlfühlte – ihren Status als »first lady«, um eine Aufgabe voranzutreiben, bei der es gilt, sich gegen zahlreiche Widersacher in Politik, Medizin und Pharmaindustrie zu behaupten.

Die Bilanz kann sich sehen lassen: Bis heute hat diese Stiftung für den Stiftungszweck mehr als 38 Millionen Euro bereitgestellt und damit mehr Mittel als das

Bundesforschungsministerium oder die Europäische Union. Über 1.000 Projekte wurden gefördert, darunter 150 Dissertationen. Über 274 Ratgeber für Fachleute und Laien sind im Verlag von Natur und Medizin e.V. veröffentlicht worden, der Erlös kommt wieder der Forschung zugute. Ein neuer Schwerpunkt der Forschung ist derzeit ein Habilitationsprogramm, das über eine Million Euro zur Verfügung stellt. All diese Mittel – und das ist eine weitere Besonderheit – stammen aus Mitgliedsbeiträgen, Spenden oder Erbschaften aus der Bevölkerung. Auch das ist weltweit einmalig: Bürger bezahlen für Forschung. Dass heute Studenten und Studentinnen im Medizinstudium die Komplementärmedizin kennenlernen, geht wesentlich auf den unermüdlichen Einsatz von Veronica Carstens zurück, ebenso die Einrichtung von Arzneimittelkommissionen für »besondere Therapieverfahren« oder die Erstattung komplementärmedizinischer Verfahren durch die Krankenkassen.

›Dein Ziel wird dich finden‹

Der Förderverein Natur und Medizin e.V. hat 20.000 Mitglieder. Veronica Carstens korrespondiert in ihrer zweiten Lebenshälfte intensiv mit den Mitgliedern: »Viele Mitglieder wollen ganz persönlich in ihrer großen Not beraten werden und schreiben dieserhalb an uns. Alle Briefe habe ich gelesen, fast alle beantwortet (es sind sicher ca. 30.000 in 20 Jahren geworden). Manchmal ist die Situation so dramatisch, dass ich sofort mit den Betroffenen telefoniere, zum Teil sehr spät abends, wenn es eilt.« Über Jahrzehnte hält sie Vorträge. Regelmäßig erscheint ihr persönlich gehaltener »Mitgliederbrief«. »Wir sind eine große Familie«,

schreibt sie immer wieder. Die Mitglieder lieben sie, wegen ihres großen Wissens und wegen ihrer Nahbarkeit.

›Dein Ziel wird dich finden‹, so nennt Veronica Carstens ihre Autobiografie. »Wir können alles besitzen und doch unglücklich sein, wenn wir nicht den Sinn unseres Lebens finden und den sich daraus ergebenden Auftrag erfüllen. Er kann tausend Gesichter haben, aber wir müssen diesem Ruf folgen. Wenn wir es nicht tun, verhungert unsere Seele«, davon ist Veronica Carstens überzeugt. Ihr Rückblick endet mit den Worten: »Mein wichtigster Lebensinhalt ist die Arbeit für die Stiftung und für Natur und Medizin geworden. Heute glaube ich, dass dies der Hauptauftrag für mein Leben war, der mich gleichzeitig reich beschenkt hat.« Ihr Ziel hat Veronica Carstens »gefunden«. Eines ihrer ersten Projekte ist eine Universitätsambulanz an der Frauenklinik der Universität Heidelberg, an die sich Frauen mit unerfülltem Kinderwunsch wenden können. In der Praxis von Veronica Carstens hängt ein großes Poster. Es zeigt sie inmitten junger Mütter mit Säuglingen auf dem Arm. Unendlich dankbar sind viele solcher Mütter für diese Ambulanz, für die Stiftung, die Initiative von Veronica Carstens.

Die Carstens-Stiftung ist ein Beispiel von vielen. Über 21.000 rechtsfähige Stiftungen gibt es in Deutschland, gegründet von Menschen, die sich – so der Bundesverband deutscher Stiftungen – für die Gemeinschaft verantwortlich fühlen, Mitgefühl haben mit jenen, denen es schlechter geht, die etwas bewegen wollen, etwas Sinnvolles tun. Einer der wichtigsten Leitsätze von Veronica Carstens stammt von dem Wiener Psychiater Victor Frankl (1905–1997): »Der Mensch ist nicht auf Glück, sondern auf Sinn angelegt.«

»Wenn wir es schaffen würden, die Lasten der Pflege auf mehrere Schultern zu verteilen, dann wäre die Arbeit leichter.«

Helle Dokken

HELLE DOKKEN

Pflegedirektorin mit Mission

»Vor circa drei Wochen haben wir im Pflegedienst mit dem Fokus auf die COVID-Versorgung um Pflegende geworben. Zu sehen, wie groß die Bereitschaft ist, bei der Pandemie in allen Bereichen mitzuhelfen, hat mich sehr gerührt. Für diese Mithilfe danke ich Ihnen von Herzen.«

Mit diesen Worten wendet sich Helle Dokken in einer Videobotschaft an ihre rund 2.300 Mitarbeiterinnen und Mitarbeiter. Die ganze Welt steht gerade Kopf, hat sich aufgrund der ersten Welle einer globalen Pandemie hinter Mund-Nase-Maske und strikten Hygieneregeln zurückgezogen, verursacht durch das Corona-Virus. Auch in Göttingen an der Universitätsmedizin (UMG) ist alles anders. Das Krankenhaus wird aufgeteilt in »COVID«- und »Non-COVID«-Bereiche, Dienstpläne müssen über Nacht neu gestaltet, das Personal etwa durch den Einsatz von Medizinstudierenden vergrößert werden. Es sind anstrengende Zeiten für Menschen, die in der Pflege arbeiten. Ihre Berufe zählen seit Ausbruch der Corona-Krise zur bundesdeutschen »Systemrelevanz« – ein Begriff, der von einigen als »Unwort des Jahres 2020« vorgeschlagen wird. Pfleger, Krankenschwestern oder Pflegehilfskräfte kümmern sich um kranke Menschen, und sie sind auch am nächsten dran an denen, die an COVID-19 leiden. Eine Krankheit, die für alle neu ist und aufgrund ihres möglichen tödlichen Verlaufs angsteinflößend.

Zentrale Figur in Sachen »Pflege« an der UMG ist Helle Dokken, seit 2018 Pflegedirektorin dieses großen Universitätskrankenhauses in Niedersachsen. In ihrer Videobotschaft dankt sie ihrem Team und beschreibt, dass auch ihr eigenes Osterfest anders wird als geplant: »Meine Eltern bleiben in Norwegen und meine Töchter in München – Hauptsache gesund.« Es ist das erste Mal, dass sich eine Pflegedirektorin in einer Videobotschaft an das Personal wendet, aber die schnell aufgesetzten Abstandsregeln führen im April 2020 dazu, dass man sich nicht mehr treffen kann, dass weder

Veranstaltungen mit Mitarbeitenden noch Teamsitzungen mehr möglich sind. Zumindest nicht in der bisherigen Form. Über die Videobotschaft hofft Dokken, alle zu erreichen – und das Feedback ist groß und sehr positiv. Im Laufe der Monate wird die digitale Kommunikation an der UMG ausgeweitet, Videokonferenzen werden normal, ein regelmäßiger Pflege-Newsletter wird eingeführt. Neuigkeiten aus dem Haus, aber auch Infos wie zum Beispiel über die Verabschiedung von einzelnen Kolleginnen oder Kollegen in den Ruhestand werden jetzt an alle Mitarbeitenden per Mail gesendet. »Vorher hatten nicht mal alle eine Mailadresse«, sagt Dokken.

Helle Dokken hat eine Mission: Sie möchte die Pflegeberufe attraktiver machen

Geboren 1967 im norwegischen Larvik, nicht weit entfernt von Oslo, zieht Helle Dokken mit siebzehn Jahren nach Deutschland – »wegen der Liebe«: Ihr erster Mann ist Deutscher. Sie schließt in München die Pflegeausbildung ab und beginnt dann, wieder in Norwegen, als Krankenschwester am Aker Universitätskrankenhaus in Oslo. Bald zieht es sie zurück nach München, sie wird zweifache Mutter – und hat dann, Anfang der 1990er Jahre, Schwierigkeiten, als norwegische Staatsbürgerin eine Arbeitserlaubnis in München zu erhalten. Sie entscheidet sich für ein Studium: »Eigentlich wollte ich Soziale Arbeit studieren, habe aber bei einem Telefonat mit der Fachhochschule vom Pflegemanagement-Studium erfahren und dachte mir: Ich mach das jetzt!« Dass sie damit die Seiten wechselt, also die Tätigkeit »am Bett« aufgibt und stattdessen in die Organisation der Pflege einsteigt, sieht sie bis heute nicht als besonderen Wandel. Für Helle Dokken ist Pflege beides. Noch während ihres vierjährigen Studiums beginnt sie am Münchner Klinikum Rechts der Isar als Praktikantin, übernimmt später die Pflegedienstleitung, wird stellvertretende Pflegedirektorin und schließlich Pflegedirektorin. Vier Jahre lang arbeitet sie am Klinikum der Ludwig-Maximilians-Universität München in dieser Position. Sie geht dann nach Göttingen, wo sie heute mit ihrem zweiten Ehemann lebt.

Helle Dokken hat eine Mission: Sie möchte die Pflegeberufe attraktiver machen – nicht nur, um die Personalzahlen an Häusern wie der UMG konstant zu halten, gar zu verbessern. Es geht ihr auch darum, Ursachen des bundesweiten Pflegenotstands anzupacken: die Wochenendarbeit, die Schichten, die nicht selten zu Doppelschichten werden, die Nachtdienste. Dazu kommt der oft enorme moralische Druck – »wenn du nicht kommst, sterben Menschen«. Das sind Belastungen, derentwegen viele einen Beruf in der Pflege scheuen oder nach sie ben, acht Jahren die Branche wechseln. Trotz der guten Einstiegsgehälter. Deshalb will Dokken auch die Arbeitsfähigkeit von Menschen in der Pflege unterstützen und erhalten, und zwar von Berufsanfang bis zum Ruhestand.

Dass es anders geht, weiß sie aus Norwegen. Dort ist der Pflegeberuf deutlich besser gestellt. So ist zum Beispiel der Handlungsspielraum größer: In Deutschland ordnen Ärztinnen und Ärzte an, Pflegefachpersonen müssen sich danach richten. Das geht von der Medikation bis hin zur Kanüle, die auch nachts von einem Arzt und nicht von Pfleger oder Schwester gelegt werden muss. Diese Struktur unterdrückt den Wunsch vieler nach Eigenverantwortlichkeit, sie ist nicht sehr ressourcenschonend – und sie ist typisch für Deutschland. Darüber hinaus tritt häufig Überbelastung bis hin zum Burnout im Pflegeberuf auf. Ein Grund dafür ist der Personalschlüssel. Im internationalen Vergleich steht Deutschland nicht gut da, wie Studien belegen: In anderen europäischen Ländern wird deutlich mehr Personal eingesetzt, um dieselbe Zahl an Patientinnen und Patienten zu betreuen. Pro 1.000 Fälle stehen in Deutschland durchschnittlich 17,9 Pflegekräfte zur Verfügung, in der Schweiz aber 46,6, in Norwegen 57,3 und in Dänemark sogar 60,9, so der Krankenhausreport 2017.

Leistung und Verantwortung für andere müssen nicht nur besser bezahlt, sondern vor allem auch wertgeschätzt werden

Als Pflegedirektorin verfügt Helle Dokken über Gestaltungsspielraum. Noch im Münchener Klinikum führt sie eine Schnellausbildung ein, die »Pflegefachhilfe-Schule«. Nach einem Jahr schon gibt es einen staatlich anerkannten Abschluss als Pflegehilfskraft – was sich auch positiv auf das Gehalt auswirkt. »Wir hatten vierundzwanzig Auszubildende aus sechzehn Nationen im ersten Ausbildungsjahr, darunter Menschen mit Migrationshintergrund. Sie haben hier eine echte Chance für den deutschen Arbeitsmarkt gekriegt«, erinnert sich Dokken. Bestehende Gehaltsunterschiede hängen von Qualifikationen, Regionen und Arbeitgebern ab; Altenpflege in Heimen etwa wird

niedriger entlohnt als Pflege in Krankenhäusern. Prinzipiell verdienen besonders ambulant Pflegende weniger als andere.

Auch in Göttingen hat Dokken für Neuerungen gesorgt, und das schon lange vor Ausbruch der Corona-Pandemie. So wird ein Verfügungsmodell eingeführt, um plötzliche Ausfälle im Nachtdienst zu regeln: »Die, die frei haben, werden nicht angerufen.« Ein Novum, denn einspringen für andere ist sonst weit verbreitet unter Pflegenden – niemand will jemanden hängen lassen, von der oder dem andere abhängig sind. Daneben gehen alle, auch die Mitarbeitenden aus den Büros oder der Leitung, für einen kurzen Zeitraum selbst in die Patientenversorgung. »Patient first« heißt das dahinter liegende Projekt. »Es ist wichtig, dass wir uns nicht wegqualifizieren«, sagt Helle Dokken. »Wenn wir es schaffen würden, die Lasten der Pflege auf mehrere Schultern zu verteilen, dann wäre die Arbeit leichter.« Alle müssen wissen, was an der Basis stattfindet – auch wenn der eine oder andere »Handgriff« nach Jahren am Schreibtisch vergessen ist. So kann es durchaus vorkommen, dass eine Krankenschwester einem ihr vorgesetzten Kollegen aus dem Pflegemanagement erklärt, wie ein Patient gewaschen wird. Das »Patient first«-Projekt wird auch während der Corona-Zeit weitergeführt, mit unterschiedlichen Reaktionen. »Manche haben herausgefunden, dass sie gerne pflegen, die haben sich dann gleich für den 24-Stunden-Schichtbetrieb gemeldet«, so Helle Dokken. Andere hingegen sind froh, endlich eine Entschuldigung gefunden zu haben, um dem Rollentausch zu entkommen.

Leistung und Verantwortung für andere müssen nicht nur besser bezahlt, sondern vor allem auch wertgeschätzt werden. Dass

Deutschland im europäischen Vergleich so schlecht wegkommt, hat auch damit zu tun, dass Pflegeberufe nicht akademisch verankert sind. Das ändert sich jetzt: 2017 wird das neue Pflegeberufegesetz zur Reform der Pflegeberufe verkündet; es greift ab 2020. Damit wird die Ausbildung verändert und durch ein Studium erweitert – was sich nicht nur auf Krankenschwestern und -pfleger, sondern auch auf den Hebammenberuf auswirkt, wie Stephanie Rückbeil berichtet. Nach einer zweijährigen Grundausbildung erfolgt eine Spezialisierung, etwa für die Alten- oder Kinderpflege. Diese veränderte Ausbildung bis hin zum Studium befürwortet Helle Dokken. »Endlich!«, sagt sie. Sie hofft, dass das Studium den Beruf aufwertet, was zu größerer Akzeptanz und zu angemessener Honorierung führt. Dokken hofft auch, dass es künftig einen besseren Schulterschluss unter Pflegenden gibt. »Als ich in Norwegen am Krankenhaus angefangen habe, hörte ich als Erstes die Frage: ›Bist du organisiert, also in der Gewerkschaft?‹« Eine solche flächendeckende Vertretung, die vor Politik und Bevölkerung eintritt für die Interessen derjenigen, die in der Pflege arbeiten, fehlt bislang in Deutschland.

Im Frühjahr 2020 stehen überall in Deutschland Menschen auf Balkonen und klatschen – der Beifall gilt den Pflegenden, die sich auch in der Krise um andere kümmern, in Krankenhäusern, Heimen oder auf ambulanter Basis. Dass es einen Corona-Bonus geben soll für sie, die trotz hoher Infektionszahlen und der durch Schutzkleidung und Maske noch anstrengender gewordenen Arbeit bei den Patientinnen und Patienten bleiben, darüber sind sich Gesellschaft und Politik schnell einig. Zuerst soll es für die, die in der häuslichen und in der Altenpflege

arbeiten, bis zu 1.500 Euro pro Person geben, bezahlt von Bundesländern und Pflegekassen; einige Monate später wird auch eine Prämie für Pflegekräfte in Krankenhäusern und Kliniken bis zu 1.000 Euro pro Person angedacht. Leider erhalten nicht alle, die zwischen Januar und Mai 2020 »am Bett« gepflegt haben, auch wirklich den Bonus – manche gehen trotz des ausgeklügelten Verteilungsschlüssels leer aus. Helle Dokken erfährt unterschiedliche Reaktionen auf die Corona-Bonus-Zahlungen, die an der UMG »Erschwerniszulage« genannt werden: »Die einen sagen, ich brauche kein Extrageld, für mich ist meine Arbeit selbstverständlich, auch in der Pandemie. Andere haben sich über die Boni gefreut. Und manche haben die Verteilung der Zahlungen als ungerecht empfunden.«

Wir müssen die Leidenschaft und Arbeitsfähigkeit der Menschen in der Pflege erhalten

Angemessene Bezahlung, menschenfreundliche Dienstpläne und gesellschaftliche Anerkennung auch durch eine akademisch verankerte Ausbildung können zu einer Aufwertung der Pflegeberufe führen. Daneben sollte auch moderne Technik in die Pflege Einzug halten: Helle Dokken kann sich durchaus Roboter vorstellen, die nicht nur Mülleimer leeren, sondern vor allem dabei helfen, schwergewichtige Patienten oder Patientinnen aus dem Bett zu heben. Bei solchen Heberobotern steht die Technik noch am Anfang – »sie wären aber eine wichtige Unterstützung, auch um die Arbeitsfähigkeit der Menschen in der Pflege zu erhalten«, sagt Helle Dokken.

Angemessene Bezahlung, menschenfreundliche Dienstpläne und gesellschaftliche Anerkennung auch durch eine akademisch verankerte Ausbildung können zu einer Aufwertung der Pflegeberufe führen.

»Ich bin froh, in einem Land geboren zu sein, das die Rechte und Möglichkeiten von Frauen nahezu gleichstellt oder zumindest sehr daran arbeitet.«

Inge Haselsteiner

INGE HASELSTEINER

Engagierte Ärztin und ehrenamtliche Helferin für Frauen in Bangladesh

»Ich komme mit!« Die Anästhesistin Dr. Inge Haselsteiner willigt ein, mit einem kleinen Team aus plastischen Chirurginnen und Krankenschwestern nach Bangladesh zu reisen. Ziel ist ein Schiff im Süden des Landes, im Golf von Bengalen. Unter dem Namen Rongdhonu ist das ehemalige Greenpeace-Schiff Rainbow Warrior II zu einem Krankenhausschiff umgebaut worden und bewegt sich zu medizinisch unterversorgten Gebieten. Dort wollen die Frauen anderen Frauen helfen. Es geht hauptsächlich um die Behandlung von schlimmen Verbrennungsnarben, um entstellende, behindernde Verletzungen, die in den meisten Fällen von Ehemännern oder Verwandten verursacht wurden. Eine Kollegin, die plastische Chirurgin Dr. Connie Neuhann-Lorenz, Co-Founderin der Organisation Reconstructing Women International (kurz RWI), hat Inge Haselsteiner eher zufällig in einem Münchner OP-Saal gefragt, ob sie mitkommt, weil eine andere Anästhesistin abgesagt hatte und weil es ohne eine Narkoseärztin nicht geht. Inge Haselsteiner sagt zu. Die Reise, die sie 2013 antritt, ist voller Strapazen: Am Flughafen von Dhaka werden die Frauen von einem Zollbeamten schikaniert und kommen schließlich nach dreißig Stunden mit rund zwanzig karierten Plastiktaschen voller Verbandsmaterial auf dem Schiff an: Das »Behandlungszimmer« ist über dem Maschinenraum eingerichtet, die Patientinnen sind auf dem Hinterdeck untergebracht, eine einzige Toilette gibt es für das gesamte Personal und die Schiffsbesatzung. »Es war wirklich alles schwierig auf dieser ersten Reise – aber es hat sich auch sehr schnell herauskristallisiert, dass wir zusammen ein gutes Team sind.«

Geboren 1961 in Amstetten in Österreich, hat Inge Haselsteiner in Innsbruck Medizin studiert. Heute arbeitet sie als Anästhesistin und Allgemeinärztin in München, wo sie mit ihrer Familie lebt. Seit 2013 engagiert sie sich bei RWI (die Organisation hieß früher Women for Women Reconstructive Surgery und wurde 2006 von Connie Neuhann-Lorenz und der Spezialistin für plastische Chirurgie, Prof. Marita Eisenmann-Klein, gegründet). Behandelt werden Frauen, die völlig auf sich allein gestellt sind. Viele von ihnen leiden an den Folgen von »in-law burns«, den Attacken von Schwiegermüttern auf ihre »daughters-in-law« mit Kerosin oder Säure aus alten Batterien. Es gibt auch Männer, die auf diesem Weg versuchen, ihre Frauen loszuwerden, wenn sie ihnen zum Beispiel als finanzielle Belastung erscheinen, nachdem Mitgiften nicht oder

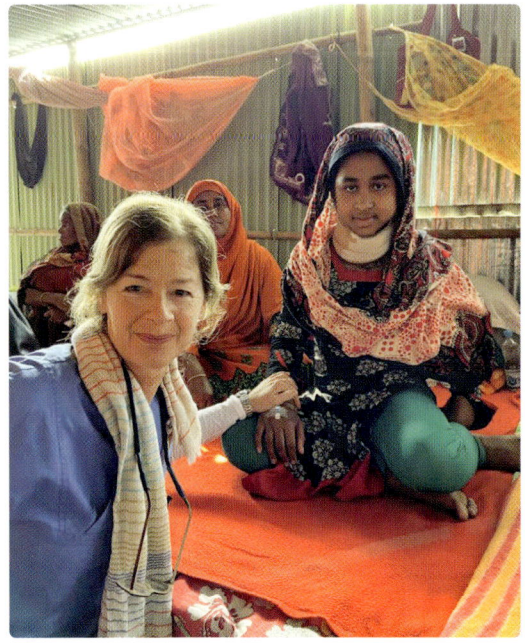

Inge Haselsteiner während ihres Einsatzes in Bangladesh

nur zum Teil bezahlt worden sind. Die »dauri« oder »dowry« ist der Besitz oder das Vermögen, das eine Braut mit in die Ehe bringt: Schmuck, Vieh, Möbel, ein Motorrad oder ein hoher Geldbetrag.

Die Anschläge auf die jungen Ehefrauen werden in der Regel als Unfälle getarnt

An sich soll die Mitgift dem neuen Paar einen guten Start in ein gemeinsames Leben ermöglichen. Ihre Höhe hängt vom sozialen Ansehen des Mannes ab, das durch sein Alter, seine Ausbildung, seinen Beruf und auch sein Äußeres ermittelt wird (je besser sein »Marktwert«, desto mehr muss die Familie der Braut aufbringen). Dagegen werden Ausbildung, Alter und Aussehen der zukünftigen Frau gerechnet. Die Last der »dowry« erleben viele Töchter schon von Geburt an. Statt in ihre Bildung zu investieren, sparen die Eltern für ihre Heirat.

Die Tradition einer solchen Mitgift ist bis heute tief in der Bevölkerung verankert. Obwohl seit 1989 in Bangladesh durch den Dowry Prohibition Act verboten, verlangen immer wieder Familienangehörige des Bräutigams danach. Und ahnden das Ausbleiben nicht selten auf schreckliche Art und Weise. Die Anschläge auf die jungen Ehefrauen werden in der Regel als Unfälle getarnt – die traditionellen Saris, die Frauen in Bangladesh tragen, sind leicht entzündlich, und viele der dort üblichen Kerosinherde entsprechen nicht den Brandschutzbestimmungen. Aus diesem Grund sind Verbrennungen durch heißes Wasser oder offenes Feuer weit verbreitet, die nicht absichtlich herbeigeführt werden. So zählen auch Kinder zu denen, die von den RWI-Ärztinnen behandelt werden. Aber manche der Frauen werden eben auch mit voller Absicht in das offene Feuer gestoßen.

Die Teams bestehen nur aus Frauen: »Frauen haben dort mehr Vertrauen in andere Frauen, und das ist auch so bei den Männern, die mit ihren Frauen zu uns kommen. Das hat religiöse und kulturelle Gründe. Deshalb ist das Operationsteam ein reines Frauenteam.«

Über das Angebot einer medizinischen Behandlung auf einem Lazarettschiff informiert Friendship die Bevölkerung, eine Nichtregierungsorganisation (NGO) in Bangladesh. Sie unterstützt Menschen in Not und betreibt nicht nur Lazarettschiffe in den Überschwemmungsgebieten des Brahmaputra, sondern engagiert sich ebenso für den Klimaschutz und bessere Bildungsmöglichkeiten. Analphabetismus ist bis heute verbreitet in Bangladesh, und obwohl die Zahlen sinken, waren 2016 laut Bericht des Unesco Institute for Statistics (UIS) immer noch rund 30 Prozent der Frauen davon betroffen.

Die Ehe gilt sehr häufig als Ausweg aus drohender Armut; Töchter, die von ihren Eltern nicht ernährt werden können, werden verheiratet – oft schon im Kindesalter. Scheich Hasina Wajed, in der vierten Amtszeit Premierministerin von Bangladesh, hat auf einem »Mädchengipfel«, dem Girl Summit, 2014 in London zwar die Abschaffung von Kinderehen versprochen, die damit verbundenen Vorhaben wurden aber bislang nicht umgesetzt. Stattdessen gibt es kontraproduktive Überlegungen, zum Beispiel das Heiratsalter von achtzehn auf sechzehn Jahre zu senken. Tatsächlich heiratet die Hälfte aller Frauen dort bereits im Alter von fünf-

zehn bis neunzehn Jahren, so die Hamburger Organisation Terre des Femmes.

Das offensichtlich misogyne gesellschaftliche System in Bangladesh macht Mädchen sehr früh zu Ehefrauen und nicht selten zu Hilflosen, wenn die Erwartungen der Familie, in die sie einheiraten, nicht erfüllt werden. Sie vor Ort zu unterstützen, das zu tun ist für Inge Haselsteiner einfach das Richtige: »Eine Mutter kam zu uns und bat uns, den verwachsenen kleinen Finger ihrer Tochter operativ zu entfernen, damit die Mitgift für das Mädchen nicht so hoch wird. Die Tochter konnte mit dem Finger aber greifen, zumindest ein wenig. Wir haben diskutiert und uns dann gegen eine Operation entschieden.« Die beiden waren enttäuscht, aber »wenn das Mädchen mit ihrem Finger greifen und einen Stift halten kann, fanden wir das wichtiger als die Entscheidung der Mutter.«

Nicht alle, die zu uns kommen, sind unglücklich

Mehr als Zorn gegen die ungerechte, tief in der Gesellschaft Bangladeshs verankerte Struktur, empfindet Inge Haselsteiner Verzweiflung darüber, dass sie die Mädchen nicht schützen kann. Andererseits hat sie auf ihren RWI-Einsätzen auch gelernt, eine andere Kultur zu akzeptieren – etwas, das weißen Frauen, die in Entwicklungsländer kommen, um dort zu helfen, häufig kritisch abgesprochen wird. »Nicht alle, die zu uns kommen, sind unglücklich. Ihr Leben ist für uns unvorstellbar, für sie aber völlig normal. Jedes kleine Mädchen wächst ja schon mit dem Wissen auf, dass es irgendwann möglichst gut verheiratet wird und dass man dann hoffentlich wenig Dowry, also Mitgift, aufbringen muss für sie.« Haselsteiner erzählt von einem Mädchen, das an der Hand operiert wurde und hinterher voller Stolz zu ihrem Vater gesagt hat: »Jetzt bin ich besser zu verheiraten.«

Herausragende plastische Chirurginnen, die ihre knappe Freizeit für die Einsätze zur Verfügung stellen und unter einfachsten Bedingungen arbeiten

Die RWI-Ärztinnen reisen regelmäßig nach Bangladesh, Indien, Pakistan, Ostafrika, Kambodscha und Haiti. Manche der Mädchen oder Frauen sind so entstellt, dass sie sich kaum noch bewegen oder ernähren können. Die Verbrennungen sind lebensgefährlich, verursachen schwere Vernarbungen, die nur durch die Hilfe von hoch spezialisierten plastischen Chirurginnen operiert werden können. Die freiwilligen Helferinnen und Ärztinnen geben den Frauen oft nicht nur ihr Gesicht, sondern auch ihre Würde zurück.

Sie arbeiten ausschließlich ehrenamtlich und mit lokalen NGOs zusammen, alle Kosten werden über Spendengelder finanziert. Und sie werden durch Kooperationen wie mit Friendship auch von den jeweiligen Regierungen akzeptiert. Seit 2009 hat RWI mehr als 4.200 Frauen und Kinder behandelt. »Es sind hervorragende plastische Chirurginnen wie Andrea Pusic, Leiterin der Plastischen Chirurgie in Harvard, oder Professorin Nicole Lindenblatt aus Zürich und viele andere, die ihre knappe Freizeit für die Einsätze zur Verfügung stellen und unter einfachsten Bedingungen arbeiten.

Angesichts der hierzulande verbreiteten Geschichten über die Götter in Weiß ist man erstaunt, wie gut und unhierarchisch diese Frauenteams funktionieren«, sagt Inge Haselsteiner.

Zehn, zwölf Tage dauert ein Einsatz in der Regel, hinterher ist Haselsteiner »schon ausgelaugt«. Zurück in München kommt die Erleichterung darüber, dass alles gut gegangen ist. Und dass einigen Menschen wirklich geholfen wurde. Etwas, zu dem sie sich verpflichtet fühlt. »Ich bin froh, in einem Land geboren zu sein, das die Rechte und Möglichkeiten von Frauen nahezu gleichstellt oder zumindest sehr daran arbeitet, und in einer Kultur geboren zu sein, die die Geburt eines Mädchens nicht als unbezahlbares Übel, als finanziellen Ruin der Familie oder als Versagen betrachtet. Ich bin auch dankbar, in einer Demokratie zu leben und ich denke, wir müssen jetzt sehr wachsam sein, dass wir diese und unsere Freiheit, unser liberales Denken erhalten können, und dass wir mit Rücksicht auf alle anderen unser Leben in Frieden leben.«

Das Ärztinnenteam am Flughafen

»Es war wirklich alles
schwierig auf dieser
ersten Reise –
aber es hat sich auch
sehr schnell
herauskristallisiert,
dass wir zusammen
ein gutes Team sind.«

»Sie wusste über Krankenhäuser besser Bescheid als jemand, der jahrelang in einem gearbeitet hatte, denn sie besaß Informationen von vielen der größten Anstalten, auch wenn sie diese nur auf dem Papier kennengelernt hatte.«

FLORENCE NIGHTINGALE

Logistisch begabte Begründerin der modernen westlichen Krankenpflege

»Ich kenne in ganz England nur einen einzigen Menschen, der imstande wäre, so etwas zu organisieren und zu beaufsichtigen.« Der britische Kriegsminister Sidney Herbert bittet 1854 Florence Nightingale um ihre Hilfe. Es geht um ein Militärhospital am Bosporus im Krimkrieg zwischen Osmanischem Reich mit seinen Verbündeten England und Frankreich gegen Russland. Dort fehlt es »an allem«, wie die Times schreibt. Der Kriegsminister wendet sich an Florence Nightingale, es gilt, in Istanbul ein Lazarett für bis zu 4.000 verletzte und kranke Soldaten aufzubauen. Sie willigt ein und schafft es, die Sterblichkeitsrate innerhalb eines halben Jahres von 40 Prozent auf zwei Prozent zu senken. Mit ihrem großen Wissen über Krankenhäuser, das sie sich in vielen Jahren im Selbststudium angelesen hat, ohne bis zu dem Zeitpunkt selbst als Krankenschwester

zu arbeiten, begründet Florence Nightingale die moderne Krankenpflege. Ihr Weg dorthin jedoch ist alles andere als vorhersehbar. Ist doch auch die Welt, aus der sie kommt, eine ganz und gar andere.

Florences Vater William Edward Nightingale, Gutsherr und Friedensrichter, hatte mit nur einundzwanzig Jahren eine Kupfermine geerbt und damit finanziell ausgesorgt. Als Landedelmann lebt er von Pachteinnahmen und kümmert sich um die Ausbildung seiner beiden Töchter, die er liberal erzieht. Auf den Landsitzen der Familie in Derbyshire und Hampshire verkehren aufgeklärte, modern denkende Intellektuelle, man widmet sich Kultur und Kunst, liebt Tanz und Theater. Der malerische Familienname »Nightingale« scheint Programm – und ist selbstgewählt: Florences Vater, der eigentlich William Edward Shore hieß, hat seinen

Nachnamen mit Antritt des Erbes in »Nightingale« geändert. Ihren ungewöhnlichen Vornamen verdankt Florence der Tatsache, dass sie in Florenz geboren ist. Die ältere Schwester, die in Neapel das Licht der Welt erblickt, wird analog Parthenope genannt – der griechische Name Neapels.

»Der Gedanke, wie sehr die Menschheit leiden muss, hat mich vollkommen verzehrt«

Jagd, soziales Engagement, die schönen Künste, so verlockend das Angebot ihrer Eltern für viele andere Kinder gewesen wäre, Florence ist damit nicht zufrieden. Sie will etwas Sinnvolles tun, auch wenn sie lange nicht weiß, was das sein soll. Ihre Mutter stammt aus einer Familie, die sich intensiv für Menschenrechte einsetzt. Die sozialen Missstände sind schon vor den Toren des Familiensitzes sichtbar. Im 19. Jahrhundert ist die Armut infolge der Industrialisierung in England hoch. Florence Nightingale lernt diese andere Welt früh kennen: Mit nur zehn Jahren vertraut sie ihrem Tagebuch den Bericht über einen armutsbedingten Selbstmord in der Nachbarschaft an.

Mit siebzehn Jahren reist sie mit den Eltern durch Frankreich, in die Schweiz und nach Italien, ist hier mit der Schönheit, Geschichte, Kultur, aber auch mit der Armut konfrontiert. In ihr reift der Wunsch, sich sozial zu engagieren. Vor allem die Situation der Kranken liegt ihr am Herzen, hier will sie aktiv werden. Nach ihrer Rückkehr beginnt sie, sich um die Armen zu kümmern, denen sie in den umliegenden Dörfern der elterlichen Güter begegnet. »Der Gedanke, wie sehr die Menschheit leiden muss, hat mich

vollkommen verzehrt«, schreibt sie nach einem dortigen Besuch in ihr Tagebuch.

Die Krankenhäuser im England des 19. Jahrhunderts sind jedoch nicht das, was sich betuchte, gebildete Eltern als Betätigungsfeld für ihr Kind wünschen. Das Personal besteht, wie es in einem Bericht heißt, aus »ungebildeten Personen der untersten Klasse«. Im besten Fall kommen Pflegekräfte aus Klöstern. Die Zustände sind katastrophal: hoffnungslos überfüllte Säle, mehrere Kranke, die sich ein Bett teilen müssen, ungewaschen und stinkend, in dreckigem Bettzeug, häufig mit ansteckenden Krankheiten wie Typhus, Tuberkulose oder Fleckfieber. Die Arbeit in der Pflege wird schlecht bezahlt und ist auch gesellschaftlich nicht im Mindesten anerkannt. Bei Nachtdiensten kommt es zu sexuellen Übergriffen. Die Eltern reden, diskutieren, lenken ab. Sie verweigern Florence ihre Einwilligung, in einem Krankenhaus zu arbeiten. Enttäuscht und wütend zieht sich die junge Frau zurück, verfällt in Depression. Endlich weiß sie, was sie will – und darf es nicht. Ein Freund der Familie, Lord Ashley, unterstützt Florences Interesse an sozialpolitischen und humanitären Fragen. Warum nicht, wenn die praktische Arbeit von den Eltern verboten ist, sich erst einmal theoretisch mit der Materie vertraut machen? Er gibt Florence statistische Unterlagen zur Lage der Krankenhäuser und zu anderen sozialen Themen. Wenn auch aus der Not heraus geboren, ist diese Beschäftigung nicht die schlechteste. Schon immer hatte Florence ein Faible für Mathematik und Statistik. Nun liest sie Krankenhausjournale, Daten über Diagnosen, die Dauer von Krankenhausaufenthalten und Sterblichkeit in Bezug zu Strukturen und Pflegebedingungen von Krankenhäusern.

Unter den zahlreichen Dokumenten, die sie erhält, befindet sich auch das Jahrbuch der Deutschen Diakonissenanstalt von Kaiserswerth bei Düsseldorf, wo junge Frauen zu Pflege-Diakonissen ausgebildet werden. Florence wird neugierig. Sie besucht die Einrichtung erstmals ohne Wissen ihrer Eltern im Anschluss an eine Reise nach Rom und Ägypten. Als sie nach dem Unfalltod eines guten Freundes in Depressionen verfällt und Selbstmordgedanken hegt, scheint ein weiteres Praktikum in Kaiserswerth ein Ausweg zu sein. Diesmal mit Erlaubnis der Mutter, die jedoch anordnet, dass niemand davon erfahren darf und alle Vorbereitungen heimlich erfolgen müssen. Schließlich lenkt auch der Vater ein. Da Florence Nightingale nach so vielen Jahren noch immer auf ihren Zielen beharrt, gestattet er der Tochter – sie ist mittlerweile dreißig Jahre alt – die Krankenpflege als Beruf zu erlernen. Florence geht 1850 für mehrere Wochen nach Kaiserswerth und schließt in einem Pariser Krankenhaus, das zur damaligen Zeit weg-

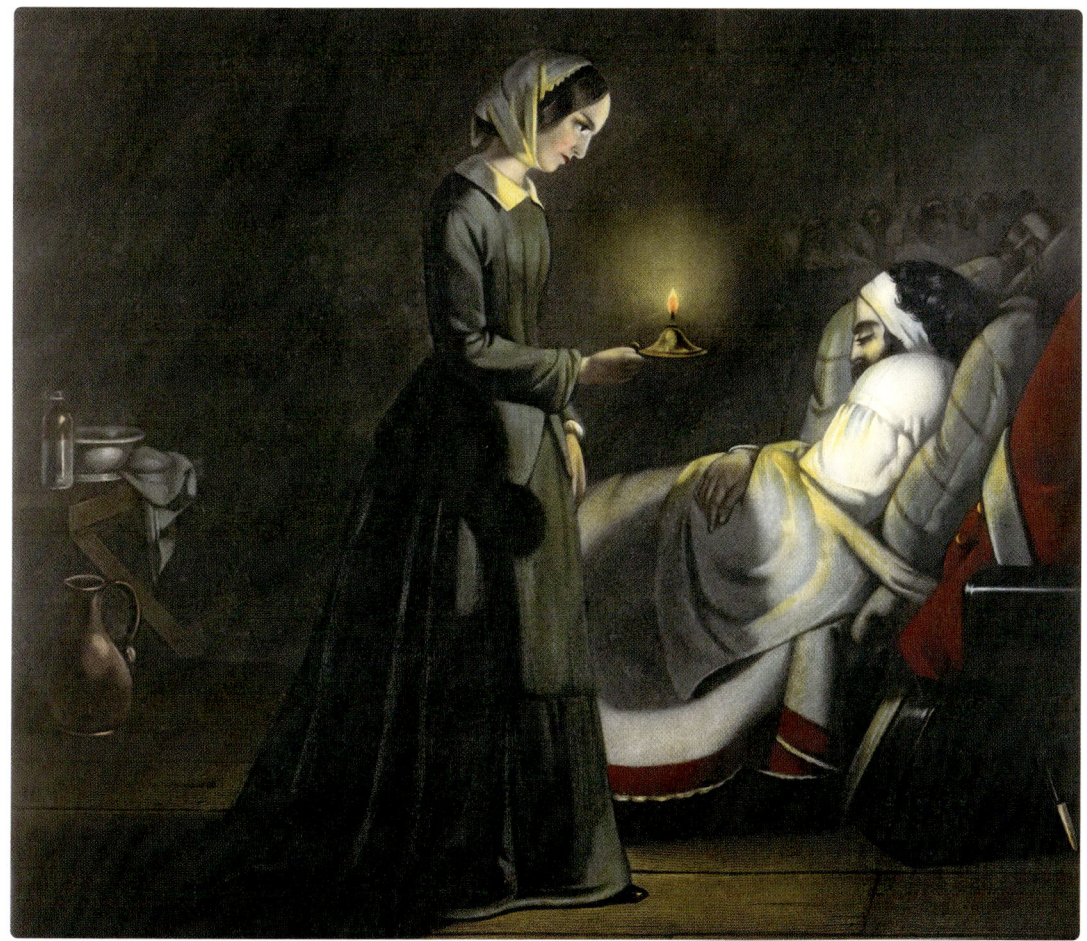

Abends geht sie mit einer Petroleumlampe von Bett zu Bett und gibt den Verwundeten Zuversicht

weisend in der modernen Krankenpflege ist, ein zweiwöchiges Praktikum an. Das wird jedoch von einer Maserninfektion Florences jäh beendet.

Zurück in England, konzentriert sich Florence Nightingale wieder auf die Theorie des Krankenhauswesens, trägt systematisch Zahlen und Fakten zusammen, besucht verschiedene Krankenhäuser, analysiert Logistik, Pflegebedingungen, die Situation der Kranken. »Sie wusste über Krankenhäuser besser Bescheid als jemand, der jahrelang in einem gearbeitet hatte, denn sie besaß Informationen von vielen der größten Anstalten, auch wenn sie diese nur auf dem Papier kennengelernt hatte«, so der Biograf Manfred Vasold. Gelegenheiten, die Missstände zu beobachten, hat sie in diesen Jahren genug. Cholera wütet, die Menschen sterben vor ihren Augen. Allein in London sind es mehrere Tausend, viele von ihnen aus den armen Bevölkerungsschichten. Florence Nightingale hilft, wo sie kann.

1853 bricht der Krimkrieg aus. Florence Nightingale ist mittlerweile dreiunddreißig Jahre alt. Russland und das Osmanische Reich mit seinen Verbündeten Großbritannien und Frankreich stehen sich gegenüber. England schickt Soldaten ins Kriegsgebiet und errichtet in einer alten türkischen Kaserne in Skutari, dem asiatischen Teil von Istanbul (damals Konstantinopel) am östlichen Ufer des Bosporus, einen Stützpunkt. Noch heute thront die Kaserne an diesem Ort. Trotz der wirtschaftlichen Überlegenheit Englands in dieser Zeit gehen die englischen Truppen unvorbereitet in den Krieg. Die Logistik, die Versorgung der Soldaten und Verwundeten – nichts funktioniert. Die hygienischen Verhältnisse in Kaserne und Lazarett sind erschütternd. Die Schwer-

verletzten liegen auf dem Boden, die Ärzte arbeiten unter primitivsten Bedingungen, mehr als tausend Soldaten erkranken zusätzlich an Cholera.

Diese Missstände nun werden in der Times vom Kriegsberichterstatter William Howell Russell aufgedeckt und beschrieben. Die Politik gerät unter Druck, insbesondere der britische Kriegsminister Sidney Herbert. Er wendet sich an Florence Nightingale, die er über ihre Eltern kennt. Das ist Florence Nightingales Chance. Sie stellt eine Gruppe von knapp vierzig Frauen zusammen und reist wenig später mit ihnen zum Kasernenkrankenhaus nach Skutari. Dort angekommen, findet sie eine Situation vor, die bisherige Schilderungen bei Weitem übertreffen: die Räume verdreckt und verwahrlost, Flöhe und Ratten überall, medizinische Vorräte gibt es keine. Aufgrund der Choleraepidemie sind mitunter 3.000 bis 4.000 Soldaten gleichzeitig zu versorgen. Damit nicht genug. Mit ihren Anweisungen trifft sie auf heftige Widerstände seitens des britischen Militärs, die Bürokratie ist träge, das Informationswesen lückenhaft.

All dies jedoch hält Florence Nightingale nicht auf. In nur drei Monaten organisiert sie für 10.000 Soldaten Kleidung, in nur sechs Monaten erreicht sie, dass jeder Kranke sein eigenes Bett hat, Sauberkeit herrscht, die Fenster weit geöffnet sind, die Verbände ausgekocht werden, die Bettwäsche regelmäßig gewechselt wird. Sie legt Wert auf genaue Beobachtung der Kranken und exakte Einhaltung der Medikamentengaben. Die Räumlichkeiten, die selbst eine britische Sanitätskommission als »ein Haufen Schmutz« bezeichnet hat, werden geputzt, Abgasrohre der Latrinen verlegt, ebenso die Wassertanks, die Betten oder Strohsäcke, auf denen

Schwerkranke oder Sterbende gelegen hatten, gründlich gesäubert, um eine Ansteckung zu verhindern – denn häufig sterben die Kranken nicht an ihren Verletzungen, sondern an grassierenden Epidemien wie Fleckfieber oder Hungertyphus aufgrund mangelnder Hygiene. Ohne es zu ahnen oder zu beabsichtigen, bereitet Florence Nightingale mit dieser logistischen Meisterleistung den Weg für eine moderne Krankenpflege in großem Stil, wie es sie zuvor weltweit nicht gegeben hat.

Jede Frau ist eine Krankenschwester

Florence Nightingale wird zur Heldin Englands. Sie ist »The lady with the lamp«, denn regelmäßig an den Abenden geht sie mit einer Petroleumlampe von Bett zu Bett, um noch einmal nach den Verwundeten und Kranken zu schauen.

Zwei Jahre bleibt Florence Nightingale in der Türkei, dann erkrankt sie selbst an Cholera und wird – gegen ihren Willen – wieder zurück nach London gebracht.

Hier entwickelt sie zunächst einen Organisations- und Ausbildungsplan für die militärische, aber auch zivile Krankenpflege. Der Plan ist so erfolgreich, dass er sich nicht nur in England, sondern auch in den anderen europäischen Staaten durchsetzt. 1856 gründet sie eine Schule zur Ausbildung von sogenannten Nightingale-Pflegerinnen, die ein Jahr dauert – für damalige Verhältnisse ungewöhnlich lang. Ihr inhaltliches Konzept legt Florence u. a. in den ›Notes on Nursing‹ (Ratgeber für Gesundheits- und Krankenpflege, 1858) dar, das sich an alle pflegenden Personen richtet, sowie in den ›Notes on Hospitals‹ (Bemerkungen über Hospi-

täler, 1859). Die ›Notes on Nursing‹ richten sich nicht nur an Krankenschwestern: »Die folgenden Notizen ... sind einfach als Anregung für Frauen gedacht, die für die Gesundheit von anderen zuständig sind. Jede oder fast jede Frau ... hat, zu einer bestimmten Zeit in ihrem Leben, die Verantwortung für die Gesundheit einer anderen Person, ob Kind oder Kranker – mit anderen Worten: jede Frau ist eine Krankenschwester. Allgemeinwissen über Hygiene und Pflege, oder anders gesagt, das Wissen darum, wie man den Körper in einen Zustand bringt, sodass er nicht erkrankt (präventiv) oder sich von Krankheiten erholen kann, nimmt einen höheren Stellenwert ein. Es wird als Wissen anerkannt, das alle besitzen sollten – zu unterscheiden von dem medizinischen Wissen, das nur die Profis haben können.«

Aufgrund ihrer hervorragenden theoretischen Studien und den daraus hervorgegangenen statistischen Erkenntnissen wird sie 1858 als erste Frau überhaupt in die Royal Statistic Society aufgenommen.

1883 erhält Florence Nightingale von Queen Victoria das Royal Red Cross, 1907 von König Edward den Orden für hohe Verdienste um das britische Reich und die Menschlichkeit, als erste Frau. Sie stirbt 1910 und wird im Familiengrab der Nightingales begraben.

Florence Nightingale ist die Begründerin der modernen Krankenpflege. Sie ist auch die junge Frau, die die Augen aufhält, nach rechts und links schaut, eine junge Frau, die mit Anteilnahme und Willenskraft an den eigenen Wünschen und Träumen festhält und die alles Erdenkliche – von Krankenhausstatistiken über Praktika bis zu Kontakten – aufgreift, um diesen Wünschen näher zu kommen.

Lydia Rabinowitsch-Kempner setzt sich für Aufklärung und Frauenbildung ein

LYDIA RABINOWITSCH-KEMPNER

Die engagierte Forscherin

»Die Milch macht uns krank!« 1894 entdeckt Lydia Rabinowitsch-Kempner in der Butter Tuberkelbazillen, die Turberkulose auslösen können. Sie sucht daraufhin in unzähligen Milchproben nach den Erregern und stellt Erschreckendes fest: Fast in einem Drittel der von ihr untersuchten Milchproben sind die gefährlichen Bakterien vorhanden! Sie findet sie nicht nur in der Milch von Kühen, die eindeutig an Tuberkulose erkrankt sind, sondern auch in der Milch von Kühen, die keine Symptome zeigen, aber dennoch infiziert sind. Jedes Kind, so raten auch die offiziellen Gesundheitsbehörden, soll Milch trinken. Milch gilt als gesundes Nahrungsmittel. Und nun ist genau dieses Lebensmittel Überträger der »weißen Pest«. Als Lydia realisiert, was ihre Forschung bedeutet, welche Konsequenzen sie für die Bevölkerung hat, belässt sie es nicht bei einer wissenschaftlichen Publikation und weiterer Forschung, sondern fordert umgehend eine staatliche Kontrolle der Milch. Ihr Einsatz ist erfolgreich, die Forschung führt zu

gesundheitspolitischen Konsequenzen: Ab jetzt wird Milch untersucht und damit ein wichtiger Ansteckungsweg eingedämmt.

Was es heißt, mit einer Krankheit konfrontiert zu sein, über die man so wenig weiß, deren Erreger man kennt, nicht aber das Heilmittel, hat die Corona-Pandemie gezeigt. Die Angst vor der Welle, die kommen könnte und andernorts bereits mit voller Wucht zuschlägt. Das Gefühl, es mit einem unsichtbaren Gegner zu tun zu haben. Die Sorge, dass Menschen die gebotenen Vorsichtsmaßnahmen nicht ernst nehmen.

Lydia Rabinowitsch-Kempner möchte Menschenleben retten, sucht nach einem Heilmittel gegen Tuberkulose. Immer im Wettlauf mit der Zeit. Die Tuberkulose oder Schwindsucht rafft allein in Deutschland jährlich über 100.000 Menschen dahin. Sie erzielt große Erfolge in der Erforschung der Tuberkuloseauslöser, klärt über mögliche Übertragungswege auf. – Für sie selbst jedoch kommt all das zu spät. Sie soll das Liebste, was sie hat, den eigenen Ehemann und das eigene Kind, an genau diese Krankheit verlieren, die sie ihr Leben lang untersucht.

Die große Bedeutung der Prophylaxe durch Hygiene

Die Leistung von Lydia Rabinowitsch-Kempner wird umso deutlicher, wenn man sich die damalige Situation in der Medizin vergegenwärtigt. Lange wurden Krankheiten mit einem Missverhältnis der Körpersäfte erklärt. Erst Robert Koch (1843–1910) gelingt es, eine Technik zu entwickeln, mit-

hilfe derer Mikroorganismen sichtbar gemacht werden können. Seine Arbeit ist ein Meilenstein in der Medizingeschichte und der Startschuss für eine ganz neue Sichtweise in der Infektionslehre.

Lydia Rabinowitsch studiert in der Schweiz Naturwissenschaften, wird Schülerin und persönliche Mitarbeiterin von Robert Koch. Als sie 1895 in den USA an der Universität von Pennsylvania einen Kurs in Laborhygiene absolviert, wird ihr angetragen, die Leitung eines neuen bakteriologischen Instituts des Women's Medical College in Pennsylvania zu übernehmen. Lydia Rabinowitsch nimmt an, unterrichtet in den

In ihrem Labor im Moabiter Krankenhaus, Berlin, um 1920

Wintermonaten der folgenden drei Jahre in Philadelphia und forscht die übrige Zeit des Jahres in Berlin weiter. Als sich die Bakteriologie in Amerika als eigenes Fach etabliert, wird Lydia gebeten, den neu geschaffenen Lehrstuhl für Bakteriologie als Professorin zu besetzen – ein verlockendes Angebot. In Deutschland, wo Frauen zu dieser Zeit nur als Gasthörerinnen und ohne offiziellen Abschluss studieren und auch noch nicht habilitieren dürfen, wäre ihr eine solche Position nicht möglich. Dennoch schlägt die junge, ehrgeizige Wissenschaftlerin den attraktiven Ruf aus – der Liebe wegen. Ihr Herz schlägt für Walter Kempner, Sanitätsrat und ebenfalls enger Mitarbeiter Robert Kochs. Die Hochzeit findet auf einem Medizinerkongress in Madrid statt. Lydia und Walter Kempner sind neben Marie und Pierre Curie eines der großen Ehepaare der Wissenschaften an der Wende zum 20. Jahrhundert. Drei Kinder werden in rascher Folge geboren.

Lydias Forschungsschwerpunkt sind die Tuberkulosebakterien. Doch sie belässt es nicht bei der akademischen Beschäftigung, sondern fragt: Wie können die gefährlichen Erreger in der Milch abgetötet werden? Aufbauend auf den Erkenntnissen des Pariser Chemikers Louis Pasteur (1822–1885) entwickelt sie eine Methode der Abtötung von Keimen, indem diese für eine Minute über 80 Grad erhitzt werden. Ein Verfahren, das von nun an als Standard empfohlen wird, sodass nur unbedenkliche weil »pasteurisierte«, also hoch erhitzte Milch in den Handel gelangt. Bis heute.

Die Milch aber ist nur ein Risikofaktor für die Tuberkulose. Die Ausbreitung der ansteckenden Krankheit wird begünstigt durch soziale Missstände, durch enge, dunkle Wohnverhältnisse und Mangelernährung.

Lydia Rabinowitsch-Kempner beschränkt daher ihre Arbeit nicht auf das Labor. Aktiv wendet sie sich an die Bevölkerung, hält Vorträge und klärt auf. Auf der Frauenwoche in Leipzig 1914 spricht sie die Frauen direkt an und macht klar, dass sie sich über Hygiene und gesundheitliche Zusammenhänge informieren müssen, weist auf einfache Vorsorgemaßnahmen wie häufiges Lüften der Wohn- und Schlafräume hin. Auch wendet sie sich an Ärztinnen und fordert diese zu mehr Aufklärung unter der Bevölkerung auf, warnt zum Beispiel 1924 in einem Artikel sowohl vor »unsinnig übertriebener blinder Furcht vor Ansteckung« als auch vor »sorgloser Nichtbeachtung der Gefahr im Umgang mit Tuberkulösen«, betont die große Bedeutung der Prophylaxe durch Hygiene.

Die Frauenrechtlerinnen waren schon damals ziemlich wild und energisch und hatten mit männlichen Kollegen oft großen Ärger

Sie engagiert sich in zahlreichen Frauenvereinen insbesondere für die Frauenbildung. Ihr Sohn Robert erinnert sich: »Meine Mutter gehörte zu dem kleinen Kreis von Frauen, die man heute emanzipiert nennt, die ersten Doktorinnen, die ersten Professorinnen und Schuldirektorinnen erschienen sonntags zum Kaffee. Meine Mutter wurde von den Frauenrechtlerinnen sehr angeregt, die großen Wert darauf legten, nicht nur Suffragetten und Blaustrümpfe zu sein, sondern auch Forscherinnen vorweisen zu können, die dazu noch Kinder hatten. Aus unserem Haus in Lichterfelde kamen zig Aufrufe und Resolutionen, scharfe Angriffe gegen Professoren, die Frauen nicht zum Studium zulie-ßen … Die Frauenrechtlerinnen waren schon damals ziemlich wild und energisch und hatten mit männlichen Kollegen oft gro-ßen Ärger… Man versuchte, das Wahlrecht durchzusetzen, was nie gelang, hatte aber den Erfolg, dass Frauen studieren durften. Meine Mutter wurde Vorsitzende einer Stif-tung zur Unterstützung weiblicher Studen-ten, die aus eignen Mitteln nicht studieren konnten, denn Studieren kostete damals viel Geld.« Das ist Lydias Ziel: die Verbindung von wissenschaftlicher Karriere und Fami-lie. Was gelingt, wie ihr Sohn schreibt: »Wir waren drei Kinder. … Sie war Wissenschaft-lerin, aber nicht rund um die Uhr. Wenn sie um vier Uhr … nach Hause kam, hat sie sich um ihre Kinder gekümmert, die neben den geimpften Kaninchen unter der Veranda größer wurden…«

Die Wissenschaftlerin wird entlassen

1912 erhält Lydia Rabinowitsch-Kempner als zweite Frau einen Professorentitel in Preußen, nach der Zoologin Marie Gräfin von Linden und vor der Ärztin Rahel Hirsch. Eine große wissenschaftliche Anerkennung, die jedoch nicht mit der Besetzung eines Lehrstuhls, dem Recht zu habilitieren oder einer angemessenen Bezahlung einhergeht. 1913 übernimmt sie als Nachfolgerin von Robert Koch die Herausgabe der Zeitschrift für Tuberkulose, im Ersten Weltkrieg ist sie fachliche Beraterin des Generalstabsarztes der Armee. 1920 schließlich dürfen Frauen in Deutschland habilitieren. Mehrere An-träge des Ministeriums für Wissenschaft, Kunst und Volksbildung, Lydia Rabino-witsch-Kempner zum »lehrenden Honorar-professor« an der Berliner Universität zuzu-lassen, werden jedoch mit der Begründung abgelehnt, dass es im Bereich der Bakte-riologie bereits genügend Dozenten gäbe. Sie wechselt daraufhin von der Universität an das Krankenhaus Moabit, wo sie als Di-rektorin des Bakteriologischen Instituts im außeruniversitären Bereich lehren kann, verbeamtet wird, über ein festes Gehalt und einen eigenen Etat verfügt.

Die Machtübernahme der Nationalso-zialisten beendet die Arbeit von Lydia Ra-binowitsch-Kempner jäh und zerstört ihr Lebenswerk. Sie ist Jüdin. Die passionier-te Wissenschaftlerin wird entlassen, 1934 zwangspensioniert, ihre Zeitschrift »ari-siert«. Noch im selben Jahr muss sie mit-ansehen, wie ihre Tochter Nadeschda an Tuberkulose stirbt, die Krankheit, deren Be-kämpfung sie ihr Leben gewidmet hatte, an die sie bereits 1920 ihren Mann verloren hat. Ein Jahr später stirbt Lydia.

Heute vergibt die Berliner Charité Lydia-Rabinowitsch-Stipendien an promovierte Wissenschaftlerinnen, die aus familiären oder sozialen Gründen ihre wissenschaftli-che Laufbahn unterbrochen haben und sich neu für gehobene Positionen in Forschung und Lehre qualifizieren möchten.

Ein Vorbild in jeder Hinsicht

Lydia Rabinowitsch-Kempner ist damit nicht nur ein Vorbild für all jene, die wis-senschaftliche Karriere und Familie zu ver-binden suchen, sondern auch für eine For-schung, die nicht nur rein akademischem Erkenntnisgewinn dient, sondern den un-mittelbaren Nutzen für die Menschen im Fokus hat.

»Sie war Wissenschaftlerin, aber nicht rund um die Uhr.«

»Das Helfen gehört zu meinem Verständnis
von ›Wie gehe ich mit anderen Leuten um?
Wie funktioniert eine gesunde Gesellschaft?‹«

Levke Sonntag

LEVKE SONNTAG

Helferin von Obdachlosen

»Wie uns vor dem Bus die Lunchtüten aus den Händen gerissen wurden, das hat uns schon sehr beschäftigt.« Seit rund vier Jahren fährt Dr. Levke Sonntag am Wochenende und feiertags mit einem Bus durch die Hamburger Innenstadt. Gemeinsam mit ihrem Team vom ArztMobil Hamburg bietet sie Menschen, die auf der Straße leben, medizinische Grundversorgung an. Als im Frühjahr 2020 die Corona-Krise zum Shutdown des öffentlichen Lebens führt, wird neben einer möglichen Ansteckung vor allem Hunger zum großen Problem für Obdachlose.

»Sie hatten keine Möglichkeit mehr, Pfandflaschen zu sammeln, zu schnorren oder ihre Zeitschriften zu verkaufen, weil das Leben total runtergefahren war. Die Kneipen waren dicht, die Leute haben ihre Biere nicht mehr draußen getrunken und keine Flaschen stehen gelassen. Also hatten die Obdachlosen Hunger. Wir haben Lunchtüten gepackt: Brote geschmiert, Obst,

Nüsse, etwas zu trinken, Schokolade dazu und diese Lunchtüten dann verteilt.« Obst gab es schon vorher im ArztMobil, etwas, das sich die wenigsten leisten können, die auf der Straße leben.

Levke Sonntag, geboren 1968, kommt aus einer Arztfamilie und will eigentlich gleich nach dem Abitur Medizin studieren. Da ihr Abschluss aber nicht gut genug ist, schreibt sie sich für Germanistik und Soziologie an der Universität ein und jobbt in Hamburg in einer Kneipe. Mit zweiundzwanzig Jahren wird sie Mutter einer Tochter. Sie verdient ihren Lebensunterhalt mit PR-Jobs und als freie Journalistin. Mit dreiunddreißig Jahren versucht sie es noch einmal mit dem Medizinstudium, obwohl sie sich kaum Chancen ausrechnet. Doch dann bekommt sie einen Studienplatz in Hamburg – dank der angesammelten Wartesemester. Als alleinerziehende Mutter mit Anfang dreißig Medizin studieren? Sonntag überlegt zwei Wochen und beginnt dann ihr Studium. Sie zieht es durch, schließt erfolgreich ab und macht 2015 ihren facharztlichen Abschluss für Innere Medizin. Während ihrer zweimonatigen Auszeit, die sie sich für die Prüfungsvorbereitung und für eine Neuorientierung nimmt, geschieht dann das, was später als »Europäische Flüchtlingskrise« bezeichnet wird: Rund 1,5 Millionen Menschen aus Syrien, dem Irak, Afghanistan, der Subsahara-Region und anderen Ländern kommen vor allem auf dem See- und Landweg nach Europa und bitten um Asyl. »Ich bin durch Zufall da reingerutscht«, sagt Levke Sonntag, »als Notärztin. Schleswig-Holstein war völlig überfordert mit den vielen Leuten, die plötzlich alle nach Deutschland kamen. Mehr als tausend Flüchtlinge wurden in eine Turnhalle nach Neumünster geschickt und sollten medizinisch versorgt werden.« Sonntag wohnt zwar nach wie vor in Hamburg, baut aber die medizinische Versorgung in verschiedenen Flüchtlingsunterkünften im nahe gelegenen Schleswig-Holstein auf. Mitte 2016 reist sie dann mit ihrem Team in einem gemietetem Bus und mehreren Privatautos nach Griechenland; einerseits, um ein deutliches Zeichen zu setzen, dass hier auch Hilfe nötig ist. Andererseits, um die dort gestrandeten Geflüchteten aus Syrien und anderen Ländern vor Ort zu betreuen. Bis heute arbeitet sie in Boostedt, einer von mehreren Flüchtlingsunterkünften des Landes Schleswig-Holstein. »Zurück aus Griechenland, hat mich ein Bekannter angesprochen, dass er in Hamburg mit Obdachlosen arbeitet, bei denen es eine medizinische Unterversorgung, gerade an den Wochenenden, gibt. Das war Ende 2016. Ich bin mitgekommen. Wir sind durch die Stadt gegangen und haben auf der Straße die Obdachlosen in Hauseingängen versorgt.«

Sie habe selten so dankbare Patientinnen und Patienten erlebt, erinnert sich Sonntag an diese ersten Begegnungen auf der Straße. Da die Versorgung auf der Straße aber kein Modell auf Dauer ist, schließt sie sich mit anderen zusammen, und bald wird ein Bus angeschafft, ein kastenförmiger Transporter, der zur rollenden Praxis wird. Sie bilden eine gemeinnützige Unternehmensgesellschaft und gründen das ArztMobil Hamburg.

»Wir machen, was wir können, im Rahmen einer Basis- und Akutmedizin. Und mit sehr viel Kommunikation«

Neben Levke Sonntag gibt es noch drei weitere Gesellschafter sowie eine Geschäftsführerin und inzwischen auch zwei Busse, darin Schubladen, Schränke und Regale mit Verbandszeug, sterilen Handschuhen, verschiedenen Medikamenten und natürlich auch ein Behandlungsstuhl. Zum Team gehören heute rund dreißig Ärztinnen, Ärzte, Fachpersonal aus der Pflege und Helfende ohne medizinische Vorbildung. Jeder, der dazu passt, ist willkommen. Es gibt keine Personalstruktur wie etwa in einem Krankenhaus. Die Geschäftsführung und die Gesellschafter treffen zwar die wesentlichen Entscheidungen; mitreden und sich einbringen können aber alle, Teamarbeit wird großgeschrieben. Der Einsatz ist ehrenamtlich; das ArztMobil finanziert sich von Anfang an nur über Spenden. In der Corona-Zeit stellt die Stadtverwaltung zwar einen Teil an Schutzkleidung zur Verfügung, sonst läuft und lief aber alles über Zuwendungen von außen. Die Unabhängigkeit von Stadtverwaltung und Politik ist dem ArztMobil-Team wichtig, um beispielsweise selbst über Einsätze entscheiden zu können. So steht der harte Kern die schweren Wochen in der Corona-Zeit durch, als andere medizinische Organisationen ihre Dienste einstellen, weil etwa deren Arbeitgeber das nicht erlauben oder sie zu Risikogruppen zählen.

Das ArztMobil fährt feste Orte an, jeden zweiten Sonntag zum Beispiel die Budapester Straße im Stadtteil St. Pauli, wo es auch eine Essensausgabe von der katholischen Kirche gibt. Alle vierzehn Tage organisiert das Team eine eigene Essensverteilung auf der Reeperbahn. Die Patientinnen und Patienten erkennen das ArztMobil-Team schon von weitem an ihren roten Windjacken mit dem weißen Logo, das dem Hamburger Wappen angelehnt ist: der Äskulapstab vor einer Burg, über den Zinnen links und rechts ein roter und ein schwarzer Stern, in der Mitte ein Turm mit einer Kuppel, auf der ein Kreuz steht.

»Unser Wartezimmer ist die Straße. Es stehen immer ein oder zwei von uns vor dem Bus, die für Ordnung sorgen, Obst und Tee verteilen. Es kommt jemand mit Bluthochdruck, wir untersuchen, kontrollieren den Blutdruck und behandeln ihn, verweisen auch mal zu einer erweiterten Diagnostik auf die Praxis ohne Grenzen in Hamburg oder – bei Zahnschmerzen – auf das ZahnMobil, wo Menschen ohne Krankenversicherung auch zahnmedizinisch versorgt werden. Bei akuten und chronischen Wunden machen wir die Wundversorgung. Infekte, Läuse, Krätze, Diabetes, Hauterkrankungen, Bauchschmerzen ..., alles und jeder wird behandelt. Wir machen, was wir können, im Rahmen einer Basis- und Akut-

medizin. Und mit sehr viel Kommunikation.« Vor kurzem hat Levke Sonntag eine Zusatzausbildung abgeschlossen, um Drogenabhängige behandeln und mit Methadon substituieren zu können.

Das ArztMobil nimmt ausgewählte Süchtige in ein Methadonprogramm auf, diese werden dann in der Praxis des Gesellschafters Dr. Hubertus Stahlberg auf Methadon eingestellt und, wenn sie stabil sind, zusätzlich im ArztMobil behandelt und begleitet. Die ganz Zuverlässigen bekommen auch ihr Betäubungsmittel-Rezept im Bus. Die Methadon-Ausgabe selbst erfolgt über eine Apotheke, weitere Dosiseinstellungen und Urinkontrollen werden in der Praxis durchgeführt. Die Kosten trägt das ArztMobil. »Wir können nicht viele versorgen, aber ein paar doch – sie wären ohne Krankenversicherung sonst nicht für Methadonprogramme zugelassen worden.«

»Wir haben versucht, alles aufzufangen«

Der einen gibt Levke Sonntag ein Paar Handschuhe mit, dem anderen frische Socken oder eine frische Unterhose. Für besonders kalte Nächte existiert in Hamburg von Ende November bis Ende März auch ein Winternotprogramm in der Friesenstraße mit einem Dach über dem Kopf. Als im Frühjahr 2020 das Corona-Virus kursiert, öffnet die Hamburger Stadtverwaltung eine Notunterkunft für etwa 350 Menschen und stellt diese dann bald, nach den ersten positiv Getesteten, unter Quarantäne. Die ärztliche Versorgung wird auf einen zweiten, zusätzlichen Tag ausgedehnt, aber bald ist klar, dass das ArztMobil das nicht allein stemmen kann.

Erst jetzt wird zusätzliches Personal über den Stadtstaat Hamburg akquiriert. »Wir haben versucht, alles aufzufangen. Was uns extrem auffiel, war, dass die Obdachlosen auch sehr viel Angst hatten. Die meisten hatten sich schon mit dem Virus beschäftigt, waren zum Teil sehr gut informiert.«

Hamburg ist eine reiche Stadt, in einem reichen Land, trotzdem leben Menschen auf der Straße, die dieses Leben nicht freiwillig gewählt haben: Offiziell gibt es 2.000 Obdachlose in Hamburg – »doch die Dunkelziffer ist viel höher«, sagt Levke Sonntag. »Wir haben ja nicht nur deutsche Obdachlose, sondern einen großen Anteil aus Osteuropa. Hamburg möchte natürlich, dass sie in Osteuropa bleiben oder wieder in ihre Heimatländer zurückkehren. Auch untergetauchte Flüchtlinge, die kein Asyl bekommen haben, zählen zu unseren Patienten, ebenso wie von Altersarmut Betroffene.« Nachdenklich macht Sonntag, dass so vieles auf das Engagement der Bevölkerung abgewälzt wird: »Ohne ehrenamtliche Tätigkeit und ohne viele engagierte Bürgerinnen und Bürger würde es in Deutschland für die Schwachen in der Gesellschaft deutlich schlimmer aussehen.«

»Wir haben einen sehr vertrauensvollen, lockeren Umgang, damit sich die Menschen wohlfühlen«

Dass sie sich – nach ihren Möglichkeiten – sozial betätigt, ist für Sonntag selbstverständlich. »Das Helfen gehört zu meinem Verständnis von ›Wie gehe ich mit anderen Leuten um? Wie funktioniert eine gesunde Gesellschaft?‹« Dass es für den Staat aber selbstverständlich ist, dass so viele engagierte Menschen Aufgaben übernehmen, die eigentlich die des Staates wären, das macht Levke Sonntag dann doch manchmal wütend.

Levke Sonntag hat als Ärztin die Möglichkeit, zu helfen und zu handeln. Trotzdem wird ihre Hilfe auch mal abgelehnt: Da geht jemand nicht ins Krankenhaus für eine wichtige weitere Diagnostik oder verbringt die kalte Nacht doch nicht in der Notunterkunft, womöglich mit schweren Folgen. »Ja, manchmal möchte man gern jemanden rütteln – aber ich habe gelernt, dass ich die Menschen in Ruhe lassen muss. Das sind alles erwachsene Menschen, die haben ihren eigenen Kopf, die haben ihre eigene Geschichte. Man kann aufklären und beraten, aber entscheiden müssen sie letztendlich selbst. Es ist ihr Leben. Man muss sie so nehmen, wie sie sind.« Sie hat ein gutes Verhältnis zu ihren Patientinnen und Patienten, oft ist es über Jahre gewachsen. »Wir haben einen sehr vertrauensvollen, lockeren Umgang, damit sich die Menschen wohlfühlen.«

Für die Zukunft wünscht sich Levke Sonntag, dass das ArztMobil nicht mehr nötig wäre – auch wenn sie die Arbeit mit ihrem Team und den Menschen auf der Straße dann sehr vermissen würde. »Das wird nie passieren, das weiß ich«, sagt sie – doch ihr Wunsch nach mehr sozialer Gerechtigkeit ist groß. »Wir haben ein bisschen die Befürchtung, dass das soziale Klima in Deutschland schlechter wird. Das sehen wir bei den Flüchtlingen: Zuerst waren einige noch pro Flüchtlinge, jetzt sind viele contra Flüchtlinge. Ich hoffe, dass Obdachlose immer gesehen werden – und dass es auch weiterhin Menschen gibt, die uns und unsere Arbeit unterstützen.« Und solange Menschen in Not sind, macht Levke Sonntag weiter.

»Ohne ehrenamtliche Tätigkeit und ohne viele engagierte Bürgerinnen und Bürger würde es in Deutschland für die Schwachen in der Gesellschaft deutlich schlimmer aussehen.«

DANK

Beherzte, engagierte Frauen, die im Kleinen wie im Großen ihre Fähigkeiten für andere einsetzen, die handeln, helfen und heilen, gibt es viele. Und so danken wir zunächst all den Frauen, die in diesem Buch nicht erwähnt werden. Wir wissen um Euch und wir wissen, dass es nicht immer leicht ist: der Spagat zwischen Anteilnahme, Aktivismus und Abgrenzung.

In besonderem Maße danken wir all denjenigen, die uns bei den hier vorgestellten Porträts unterstützt haben. Die »aktuellen« Frauen haben offen von sich und von ihrer Arbeit, ihren Ideen und ihren Erfahrungen berichtet. Ken Ross hat das Porträt seiner Mutter Elisabeth Kübler-Ross gegengelesen, vor allem trägt er ihre Arbeit weiter in die Welt. Dorothee Schimpf, die seit Jahrzehnten den Förderverein der Carstens-Stiftung als Geschäftsführerin führt, hat das Porträt von Veronica Carstens ergänzt. Robert Aschenbrenner hat uns viel über seine wunderbare Mutter erzählt. Austen Peter Brandt hat ein längst vergriffenes Buch über Sybil Phoenix aus seinem Archiv geholt und uns zugeschickt. Modupe Lajas Impulse hinsichtlich »Racism Awareness« sind ein wertvoller Input gewesen. Dr. Corinna Kaulens Expertise als Mitglied des Instituts für Nano- und Biotechnologien der Fachhochschule Aachen hat in Sachen »Elektronenmikroskop« unsere Laienaugen geöffnet. Und auch die Beratung von Rebekka Goepfert hinsichtlich der Ausrichtung des Buches war eine hilfreiche Ergänzung. Pressereferentinnen verschiedener Verlage haben uns Fotos, Bücher und Manuskripte zum Thema einfach und schnell zur Verfügung gestellt, was unsere Recherche sehr erleichtert hat.

Wir danken unserem »Frauen-Netzwerk« für Vorschläge und Kontakte, selbst wenn es nicht in allen Fällen zu Porträts kam. Anne Stukenborg danken wir für ihr Engagement, Antonia Meiners für ihr genaues und einfühlsames Lektorat. Unsere Partner, Kinder, Freundinnen und Freunde und vor allem unsere Familien haben uns unterstützt, als wir selbst am Küchentisch verkündet haben »Ich mach das jetzt!« – nämlich dieses Buch zu schreiben. Sie hatten Verständnis dafür, dass wir sehr viel mehr Zeit als ursprünglich geplant in das Projekt steckten, als sich durch die anhaltende Corona-Lage auch das Buchkonzept änderte. Und so möchten wir noch hinzufügen: Hinter sehr vielen Frauen, die handeln, helfen und heilen, stehen häufig auch wohlwollende Väter, Partner und best friends.

Textnachweis (Auswahl)

HELEN VAN ALMSICK
www.helen-van-almsick.de

TERESA VON AVILA
Avila, T.v. (Ausg. 1979): Die innere Burg, Zürich.
Avila, T. v. (Ausg. 2009) : Ich bin ein Weib – und obendrein kein gutes, Freiburg i. Br.
Souvignier, B. (2001): Die Würde des Leibes: Heil und Heilung bei Teresa von Avila, Köln, Weimar, Wien.

EVA ASCHENBRENNER
Aschenbrenner E. (2008): Der Wildkräutergang – mit Eva Aschenbrenner durch's Jahr. Franckh-Kosmos.
www.eva-aschenbrenner.de

ANGELA AUTSCH
Tigges, P. (1992): Die Nonne von Auschwitz. Geschichte der Maria Autsch. Erinnerung an zwölf dunkle Jahre, Iserlohn.
Schwalbová, M.(1994): Elf Frauen. Leben in Wahrheit. Eine Ärztin berichtet aus Auschwitz-Birkenau, Annweiler.
Velez de Mendizabal, G. (1997): Verzehrendes Feuer. Angela Autsch, Der Engel von Auschwitz, Maria Roggendorf.

BLANCA BARDIERA
http://www.ub.edu/duoda/diferencia/html/de/primario8.html

ELSA BRÄNDSTRÖM
Brändström, E. (1922): Unter Kriegsgefangenen in Russland und Sibirien 1914-1920, Berlin
Kruczek, D. (2000): Eine Frau zwischen den Fronten. Das Leben der Elsa Brändström, Neukirchen-Vluyn.

HOPE BRIDGES ADAMS LEHMANN
Krauss, M. (2009): Dr. Hope Bridges Adams Lehmann – Ärztin und Visionärin. Die Biografie, München.
Adams Lehmann, H. Br. (1898): Die Gesundheit im Haus. Süddeutsches Verlags-Institut, Stuttgart.

VERONICA CARSTENS
Carstens, V. (1998) Dein Ziel wird dich finden. Natur und Medizin e.V., Essen.

KRISTINA HÄNEL
Hänel, K. (2019): Das Politische ist persönlich. Tagebuch einer »Abtreibungsärztin«. Argument Verlag.

MONIKA HAUSER
Fischer, E. (1997): Am Anfang war die Wut. Monika Hauser und Medica mondiale. Ein Frauenprojekt im Krieg. Kiepenheuer & Witsch.
Louis, Ch (2010): Monika Hauser. Eine Ärztin im Einsatz für kriegstraumatisierte Frauen. Dumont.

IDA HOFMANN
Hofmann-Oedenkoven, I. (1906): Monte Verità. Wahrheit ohne Dichtung. Karl Rohm. Lorch (Württemberg).
Schwab, Andreas (2003): Monte Verità – Sanatorium der Sehnsucht. Zürich: Orell Füssli.
www.monteverita.org

Bildnachweis

ELISABETH KÜBLER-ROSS

Kübler-Ross, E. (1979): Das Rad des Lebens.
   Autobiographie. Delphie bei Droemer
   Knaur.
Gill, D. (1980): Kübler-Ross, wie sie wurde
   wer sie ist. Kreuz Verlag, Stuttgart

MECHTHILD VON MAGDEBURG

www.fembio.org/biographie.php/frau/
   biographie/mechthild-von-magdeburg/
Steinmetz, Karl: ein Porträt über Mechthild
   von Magdeburg, unveröffentlicht.

FLORENCE NIGHTINGALE

Vasold, M. (2003): Florence Nightingale,
   Friedrich Pustet, Regensburg.

SYBIL PHOENIX

Phoenix, S. (1984): Willing Hands. London:
   The Bible Reading Fellowship.

CAROLA RACKETE

Rackete, R. (2019): Handeln statt hoffen.
   Aufruf an die letzte Generation. Unter
   Mitarbeit von Anne Weiß. Droemer
   Verlag, München.

LYDIA RABINOWITSCH-KEMPNER

Jaenicke, ,L. (2009): Erinnerungsbild Lydia
   Rabinowitsch-Kempner in www.epoc.de/
   blatt/d_bs_pdf&_id=993756

JUSTINE SIEGEMUND

Pulz, W. (1994): »Nicht alles nach der
   Gelahrten Sinn geschrieben«– das
   Hebammenanleitungsbuch von Justina
   Siegemund, München.

Umschlagcover, siehe S. 20, 30, 42,
48, 70, 124; Autorinnenfoto © Kinga
Cichewicz; S. 10, 14 Christian Palm; S. 16,
19 Trinitarierschwestern Mödling; S. 20
Interfoto; S. 23 Archiv Elisabeth Sandmann
Verlag; S. 26 Kunsthistorisches Museum
Wien; S. 30 Anna Verena Müller/medica
mondiale; S. 32 Sybille Fezer/media
mondiale; S. 36, 39 Monte Verità; S. 42,
45, 46 The Bible Reading Fellowship; S. 48
Ruben Neugebauer; S. 51 Till M. Egen; S. 56,
58 Eva Aschenbrenner; S. 60 Interfoto;
S. 64 Sant Feliu Llobregat; S. 70 Fotostudio
Celebi Linden; S. 73: ZUMA Press, Inc. /
Alamy Stock Foto; S. 76 Ken Ross; S. 82
Bibliothèque nationale de France; S. 88
Michael Schaidt; S. 92 Claus Rückbeil; S. 98
Bridgeman Berlin; S. 104 Joyce Almeida;
S. 108 Bridgeman Berlin; S. 111 Interfoto;
S. 112 Archiv Elisabeth Sandmann Verlag;
S. 114 Veronica Carstens; S. 118 umg /
fskimmel; S. 124 Michelle Hirnsberger;
S. 126: Inge Haselsteiner; S. 130 Interfoto;
S. 138 Wellcome Images; S. 136, 138
Interfoto; S. 142 Susanne Döttling

Sie möchten auch etwas beitragen?

Einige der in unserem Buch porträtierten Frauen sind mit Organisationen oder Stiftungen verbunden bzw. dort aktiv. Sie können diese mit einer Spende unterstützen:

Die 1981 gegründete **Karl und Veronica Carstens-Stiftung** zeichnet heute verantwortlich für die größte Forschungsförderung im Bereich Naturheilkunde und Komplementärmedizin in Europa. Sie wird unterstützt durch die Fördergemeinschaft Natur und Medizin e.V.
Weitere Informationen unter
www.carstens-stiftung.de

Spendenkonto:
Empfänger   Natur und Medizin e.V.
IBAN   DE 6437 0501 9800 0009 1025
BIC   COLSDE33
Bank   Sparkasse Köln/Bonn

Die Beginenbewegung, zu der **Mechthild von Magdeburg** zählt, gibt es bis heute. Der **Dachverband der Beginen e.V.** unterstützt die lokalen Gruppen von »Einzelbeginen« oder »Beginengemeinschaften« und auch den Aufbau von Beginenhöfen.
Weitere Informationen unter
www.dachverband-der-beginen.de

Spendenkonto:
Empfänger   Dachverband der Beginen e.V.
IBAN   DE58 4306 0967 4093 9098 00
BIC   GENODEM1GLS
Bank   GLS Bank

Inge Haselsteiner engagiert sich für **Reconstructing Women International (RWI)**. Ärztinnen und Pflegekräfte reisen für RWI regelmäßig auf ehrenamtlicher Basis nach Bangladesh, Indien, Pakistan, Ostafrika, Kambodscha und Haiti. Dort bieten sie Frauen und Kindern eine Behandlung von Verbrennungen oder Verletzungen an.
Weitere Informationen unter
www.reconstructingwomen.org

Spendenkonto:
Empfänger   RWI Reconstructing Women
              International
IBAN   DE98 7002 0500 0009 8199 00
BIC   BFSWDE33MUE
Bank   Bank für Sozialwirtschaft

Monika Hauser hat die feministische Frauenrechts- und Hilfsorganisation **medica mondiale e.V.** gegründet und ist heute Vorstandsvorsitzende.
Weitere Informationen unter
www.medicamondiale.org

Spendenkonto:
Empfänger   medica mondiale e.V.
IBAN   DE92 3705 0198 0045 0001 63
BIC   COLSDE33XXX
Bank   Sparkasse Köln Bonn

Elisabeth Kübler-Ross brachte Sterbende in universitäre Hörsäle und veränderte dadurch den Umgang mit dem Tod nachhaltig. Die nach ihr benannte **Elisabeth Kübler-Ross Foundation** wird von ihrem Sohn Ken geleitet und engagiert sich international für Schwerkranke und Sterbende.
Weitere Informationen unter
www.ekrfoundation.org

Spendenkonto:
Empfänger Elisabeth Kübler-Ross
          Foundation
IBAN   WFBIUS6WFFX
Bank   Wells Fargo Bank,
          420 Montgomery Street,
          San Francisco, California
          94101 USA

In regelmäßigen Race Awareness Workshops, die **Sybil Phoenix** in London leitete, wurde Austen Peter Brandt als Anti-Rassismus-Trainer ausgebildet. Er entwickelte Anti-Rassismus-und Empowerment-Trainings; daraus entstand 1993 Sybil Phoenix zu Ehren die Gruppe **Phoenix e.V.**, die in Workshops Menschen für Rassismus sensibilisiert.
Weitere Informationen:
www.phoenix-ev.org

Spendenkonto:
Empfänger Phoenix e.V.
IBAN   DE16 3505 0000 0270 0076 10
BIC   DUISDE33XXX
Bank   Stadtsparkasse Duisburg

Nachdem sie 13 Jahre die Palliativstation am Krankenhaus Freising leitete, hat **Eva Pröscholdt-Graupner** mit anderen die **Spezialisierte Ambulante Palliativversorgung (SAPV)** im Freisinger Landkreis ins Leben gerufen.
Weitere Informationen unter
www.sapv-freising.de

Spendenkonto:
Empfänger Spezialisierte ambulante
          Palliativversorgung – SAPV
IBAN   DE15 7003 1000 0001 2235 93
BIC   BHLSDEM1XXX
Bank   Bankhaus Ludwig Sperrer KG

Levke Sonntag fährt regelmäßig mit dem **ArztMobil**-Team durch die Hamburger Innenstadt und bietet Obdachlosen basismedizinische Versorgung an.
Weitere Informationen unter
www.arztmobilhamburg.org

Spendenkonto:
Empfänger ArztMobil Hamburg gUG
IBAN   DE92 2019 0003 0019 6261 00
BIC   GENODEF1HH2
Bank   Hamburger Volksbank
Verwendungszweck:
Spende ArztMobil Hamburg